Ma p'tite famille

Le cahier Jeune papa

Benjamin Muller

Illustré par Nathalie Jomard

FIRST
ÉDITIONS

À Lola, Roméo et Charlie.

À Céline.

ISBN : 978-2-412-03720-1
Dépôt légal : juin 2018

Imprimé en Espagne
Couverture et mise en page : Istria

Éditions First, un département d'Édi8
92, avenue de France
75013 PARIS – France
Tél. : 01 44 16 09 00
Fax : 01 44 16 09 01
E-mail : firstinfo@efirst.com
Site Internet : www.editionsfirst.fr

Sommaire

Introduction 4

Partie 1

Les premiers jours de papa 7

Partie 2

Les premières semaines 21

Partie 3

Votre nouvelle vie 39

Partie 4

Les grandes questions 53

Conclusion 94

Introduction

On ne naît pas père… on le devient.

Dans son dernier roman, *Une vie sans fin*, Frédéric Beigbeder s'interroge : « Il y a une chose que je ne comprends pas : pour conduire une voiture, il faut passer un permis, mais pour donner la vie, rien. N'importe quel abruti peut devenir père. Il lui suffit de planter sa graine et neuf mois plus tard, cette responsabilité si écrasante, si gigantesque lui tombe dessus. Quel homme est préparé à un travail pareil ? »

Il n'a pas tort. Évidemment, aucun homme n'est préparé à ça. Au bouleversement émotionnel de l'accouchement, à la toute première fois où votre bébé plongera dans vos yeux son regard déstabilisateur, à ses premiers « prouts au jus » (qui, c'est le plus dingue, ne vous dégoûteront même pas*), aux nuits sans sommeil, à son premier « Papa », à ses câlins, à ses fous rires, à la fierté pour son premier jour d'école.

Personne n'est prêt à vivre tout cela. Mais la bonne nouvelle, c'est que le papa débutant aura tout le temps pour apprendre. Apprendre à être là pour son enfant, apprendre à le comprendre, apprendre à l'aimer, apprendre à anticiper ses envies, ses colères, etc.

Si on vient de vous offrir ce cahier, c'est que, d'une part, vous avez été gâté, d'autre part, que vous allez être papa, ou que vous venez de le devenir.

Peut-être cela vous stresse-t-il ? Rien de plus normal. Mais il ne faut pas.

Keep cool, ça va bien se passer. Dans ce livre, vous allez trouver quelques conseils pour relativiser les petites angoisses de votre nouvelle vie. Je dis « petites » pour ne pas vous stresser plus, on n'en est qu'au début du bouquin.

* ou juste un peu alors.

Partie 1

Les premiers jours de papa

L'accouchement

Bon, on ne va pas se mentir, l'accouchement n'est pas, et ne sera sans doute jamais, le moment d'une vie où un homme se sent le plus serein. Ni le plus utile, d'ailleurs.

Le travail, les contractions, le monitoring, la péridurale, les forceps… Non, nous n'étions pas prêts à tout cela. Et surtout, dans ces moments, il peut arriver que le futur papa se sente un peu « boulet de service ».

D'ailleurs, je suis sûr que pour beaucoup de sages-femmes, le papa est un peu le relou qui traîne dans ses pattes, n'est jamais à la bonne place, pose de mauvaises questions, généralement au mauvais moment.

Voici donc quelques conseils pour être le moins boulet possible (quitte à être là, autant être utile).

- **Au niveau de la tête de la maman tu te placeras** et tu ne bougeras plus
- **Son meilleur coach tu deviendras.** Phrase type à prononcer :
  - « Vas-y ma chérie, t'es une guerrière ! »
  - Variante plus *peace and love* « Vas-y ma chérie, t'es une casque bleue ! »
  - Variante encore plus *peace and love* : « Vas-y ma chérie, tu es une humanitaire ! ». Bon, pas sûr que ça l'encourage vraiment, mais après tout, faut tenter.
- **Filmer l'accouchement tu oublieras.** Très mauvaise idée. Franchement, qui aura envie de regarder ce film ? Votre enfant, le jour de son mariage ? Vous pensez vraiment qu'il sera fier de se voir sortir de l'entrejambe de sa maman ?

Cette citation résume bien les choses :

« L'accouchement est douloureux, heureusement que la femme tient la main de l'homme. Ainsi, il souffre moins. »

- **Quelques petites blagues tu sortiras.** (Mais attention : à ne sortir qu'en cas de besoin, et au bon moment. Surtout pas en pleine contraction, ça risque de ne pas faire beaucoup rire la future maman.)
- **Un pro de la respiration tu seras.** Pendant les contractions les plus douloureuses, votre femme aura besoin de contrôler sa respiration, et de ne se focaliser que là-dessus. Évidemment, c'est facile à dire, sans doute compliqué à faire. N'hésitez pas à lui montrer l'exemple pour que, pendant ces contractions, elle puisse caler sa respiration sur la vôtre. On inspire profondément, encore, encore, encore… ; et on expire, voilààà, loin, c'est bien. On recommence, on inspire, encore, encore, encore… etc. À reproduire environ 150 fois.

Discutez avec la future maman de ce qu'elle attend de vous lors de l'accouchement.

À ne pas oublier pour la maternité

- Le dossier médical, avec les différentes échographies.
- Les affaires de bébé : 7 à 8 bodies, 7 à 8 pyjamas, 1 paire de chaussons, 1 bonnet, 1 gilet, 1 gigoteuse.
- Un doudou.
- Une tétine (ça peut servir).
- Des affaires de rechange pour la maman (laissez-la les choisir, c'est mon conseil).
- Une chemise pour vous. Si on vous propose de faire un peau-à-peau avec votre bébé juste après la naissance, vous serez content d'avoir cette chemise.
- Un lange en coton.
- De quoi écouter de la musique. N'hésitez pas à sélectionner votre *playlist* avant.
- Un appareil photo.
- Vos différents chargeurs.
- De la lecture.
- De la monnaie (pour le petit café, dans la machine au bout de couloir).
-
-
-
-

Les vêtements de naissance

Je vous conseille de prendre des tenues en taille 50 cm et en taille 52 cm. Combien de parents n'avaient prévu que des tenues 50 cm, et ont eu la joie de découvrir que leur bébé, à peine sorti, était déjà trop grand ! Prévoyez plus large, cela vous évitera un aller-retour à la maison.

Les premières heures (juste après l'accouchement)

Bonne nouvelle, ton rôle de papa commence tout de suite. Pendant que l'obstétricien s'occupera de ta femme (pour des moments de grands bonheurs pour elle, allant de la délivrance à l'expulsion du placenta – expérience fortement sympathique –, en passant par diverses sutures), le tout nouveau papa aura la lourde responsabilité, et surtout le grand bonheur, d'expliquer au bébé, tout juste habillé par la sage-femme, ce qui vient de se passer.*

Je suis absolument convaincu que le bébé a besoin qu'on lui explique à ce moment précis, ce qui vient de se passer. Qu'il comprend tout. Et c'est à toi, cher papa, à qui revient cette lourde responsabilité.

Une fois le bébé prêt, il va rapidement pouvoir retrouver sa maman. Ce sera votre premier moment à 3. Premier grand moment que vous avez fantasmé depuis 9 mois. Vous les avez rêvées ces premières minutes en famille. Mais généralement, c'est à ce moment-là que le bébé et la maman… vont s'endormir.

Oui, ils ont bossé, pendant que vous, vous n'aviez qu'à jouer le coach de la maternité. Oui, il est temps de les laisser se reposer.

*La délivrance, qu'est-ce que c'est ?

Vous pensiez que la délivrance était un moyen peu romantique de nommer la sortie de votre enfant ? Pas du tout !

Quelques minutes après l'accouchement, le placenta, qui a servi de nid douillet au fœtus mais qui n'a désormais plus d'utilité, va se décoller de l'utérus. Des contractions (encore !) vont aider à cette expulsion. Pas d'inquiétude, cette étape est accompagnée de pertes de sang, qui sont tout à fait normales. La sage-femme pourra aider en appuyant sur le ventre de la maman, ce qui peut être douloureux.

Cette étape est particulièrement importante pour éviter toutes sortes de complications. La maman et son bébé resteront environ 2 heures en salle de travail après la naissance, pour surveiller, notamment, que l'utérus se contracte bien et que les pertes de sang ne sont pas trop importantes. Ces deux heures passeront très vite. Ce seront vos deux premières heures à trois. Le début de la grande rencontre.

La plupart du temps, pendant cette délivrance, vous aurez le beau rôle, puisque vous serez avec votre bébé, bien loin de ce placenta que, entre nous, je déconseille formellement de contempler.

Bonne nouvelle, votre prochaine mission, si vous l'acceptez, est plaisante : annoncer au monde entier la naissance de la 8e merveille du monde. Enfin, avant de l'annoncer au monde, prévenez déjà votre famille. Cela peut paraître idiot de le rappeler, mais il est absolument indispensable de n'oublier personne.

Conseil Anticiper l'annonce

Mon petit conseil : faites-vous une liste, avant l'accouchement, des personnes à prévenir. Coté gauche de la liste, ceux que vous allez appeler. Coté droit, ceux à qui vous allez envoyer un SMS.

Quels tests pour le bébé ?

Dès la naissance, votre enfant va subir une batterie de tests pour vérifier que tout va bien. Le pédiatre, qui passera avant la remontée en chambre, observera, en vrac, son cœur, ses poumons, ses hanches, ses yeux ou encore sa bouche. Une petite goutte de sang lui sera également prélevée, au niveau du talon ou de la main, pour effectuer différents examens.

Ses réflexes vont également être testés (succion, marche automatique, s'il s'agrippe avec sa main à un doigt, etc.). Ces tests ne sont généralement pas très longs.

Personnes à prévenir

Je déconseille fortement une annonce globale sur les réseaux sociaux. Rappelez-vous que Facebook n'est pas le temple de la bienveillance. Pas besoin que votre bébé, à peine né, se retrouve déjà jugé par de vagues connaissances ou des collègues dont il était trop difficile de refuser la demande d'ami.

Les visites à la maternité : faire le bon choix

Évidemment, chacun fait comme il veut. Il y a néanmoins une chose à ne pas oublier : ce séjour est très court, vous serez chamboulé pendant cette période. Plus tout à fait vous-même. Imaginez, vous allez réaliser en quelques heures que vous êtes devenu papa, que votre femme est devenue maman, et que le petit bébé qui dort... est le vôtre.
Ça fait déjà beaucoup. Si vous devez gérer, en plus, les venues des uns et des autres, vous n'allez pas vous en sortir.

La maternité n'est pas le lieu idéal pour présenter votre bébé à vos parents, vos cousins, vos amis, vos potes, vos collègues, votre patron et vos concierges...

La jeune maman sera inévitablement épuisée pendant ces quelques jours, et votre bébé a besoin de repos. Vous imaginez le boulot qu'ils viennent tous deux d'accomplir !

Ne culpabilisez donc pas en refusant certaines visites. Le bon compromis est généralement de n'accepter que vos très, très proches. À vous de les sélectionner !

En tant que nouveau papa, votre parole sera respectée. Expliquez gentiment, et sans trop vous justifier, que vous préférez rester au calme. Vous serez compris. Et de toute façon, c'est comme ça.

Dressez ensemble la liste des personnes qui seront les bienvenues à la maternité :

Le retour à la maison : de quoi aurez-vous besoin ?

Là non plus, ne vous mettez pas la pression : à la maternité, on vous donnera une petite liste de ce que vous devrez avoir chez vous pour les fameux soins du bébé.

Néanmoins, si vous voulez vous éviter de courir les pharmacies au lendemain de l'accouchement, voici les choses à prévoir :

- coton (bio si possible) ou lingettes lavables
- eau nettoyante/micellaire
- liniment (pour changer le bébé, bien plus sain que des lingettes imprégnées)
- compresses non tissées stériles (pour les soins du cordon, des yeux et du nez)
- biseptine (pour le cordon)
- sérum physiologique (pour le nez et les yeux)
- couches (voir ci-après)

Bon, comme vous êtes quelqu'un de prévoyant, vous vous êtes déjà procuré les classiques, comme la poussette, la table à langer, le transat, le bain, les bavoirs, les biberons, etc.

Des lingettes faites main

Si vous et/ou votre femme aimez faire de la couture, n'hésitez pas à confectionner vous-même vos propres lingettes, c'est rapide et écologique.

Conseil Éviter le superflu

Je vous conseille de ne rien acheter d'autre, vous allez découvrir au fur et à mesure quels sont vos véritables besoins. Et puis, en matière de puériculture, vous allez vite réaliser que s'équiper coûte très cher. Et que beaucoup d'objets proposés en magasin... ne servent à rien !

Pour souhaiter un bon retour à la maison à la jeune maman, en tant que compagnon idéal, vous aurez disposé un magnifique bouquet de fleurs dans votre salon, pour un accueil des plus chaleureux. Une petite boîte de chocolats ne sera jamais mal vue non plus. Et si vous voulez vraiment marquer le coup, optez pour un petit bijou. Il restera. Et puis, elle l'a bien mérité, non ?

Quelles couches choisir ?

Début 2017, le magazine *60 millions de consommateurs* publiait une grande enquête sur les couches pour bébé. Les résultats font froid dans le dos.

La majorité des références testées contenaient des substances toxiques, allergènes et autres pesticides. Qui vont donc être directement au contact de la peau d'un nouveau-né. Pas terrible. Le magazine a donc publié un tableau récapitulatif, distribuant les bons points... et les mauvais. Verdict : seules deux références s'en sortaient avec la note ++ (les 8 autres avaient soit 1 –, soit 2 –). Il s'agit de *Mots d'enfant* (marque Repère Leclerc) ou *Love and green écologique*.

Si vous en avez le courage, vous pouvez aussi opter pour les couches lavables. Si elles sont à l'évidence une contrainte pour bon nombre d'entre nous, elles présentent de nombreux avantages :

- **Le coût.** On estime que les couches lavables permettent une économie de 300 à 1 500 euros par enfant. Non négligeable.
- **La protection de la planète.** On estime que jusqu'à ses 2 ans et demi, un bébé consomme 1 tonne de couches jetables. C'est énorme.

Top 3 de ce dont vous pouvez vous passer :

- **Un humidificateur d'air.** Ça coûte cher (jusqu'à 100 €), pour un résultat contestable. Si vous voulez vraiment rendre l'air plus humide dans la chambre de votre enfant, mettez de l'eau bouillante dans un seau. Le seau, dans la chambre, ça fera très bien l'affaire.
- **Le chauffe-biberon.** Là aussi, ça peut sembler utile. Mais bon, faites chauffer de l'eau, plongez le biberon dedans, ça fera tout aussi bien l'affaire et ce sera plus rapide. Faites juste attention à ne pas laisser le biberon trop longtemps.

  Variante : le chauffe-biberon pour voiture, adaptable via l'allume-cigare. Onéreux, mais un peu gadget, il ne vous servira que trois fois dans l'année. Vous pouvez très bien privilégier le micro-ondes (exceptionnellement) en station-service. Si vraiment vous en voulez un, je peux vous vendre le mien. Il n'a jamais servi.
- **La poubelle spéciale couche, soi-disant antiodeur.** Si vous souhaitez mettre 40 euros dans la chose, libre à vous, mais n'importe quelle poubelle bon marché avec couvercle fera tout aussi bien l'affaire.

Liste des équipements indispensables, à cocher :

- [ ] Poussette
- [ ] Table à langer
- [ ] Transat/pouf
- [ ] Lit bébé
- [ ] Lit cododo
- [ ] Siège auto
- [ ] Baby phone (si vous vivez dans une grande maison, dans un 2 pièces, c'est moins utile…)
- [ ] Chaise haute
- [ ] Bavoirs
- [ ] Biberons
- [ ] Vêtements
- [ ] Bodys

À remplir vous-même avec les équipements voulus :

- [ ]
- [ ]
- [ ]
- [ ]
- [ ]
- [ ]
- [ ]
- [ ]
- [ ]
- [ ]
- [ ]

Les premières journées à trois

On appelle cette période « la rencontre ». Vous allez pouvoir prendre le temps de vous découvrir, d'observer votre bébé sous tous les angles.

Bon, on ne va pas se mentir, il est fort probable que votre bébé, pendant ces premiers jours, passe l'essentiel de son temps à dormir. Ce n'est pas grave, vous en serez d'autant plus tranquille pour le contempler… et pour remplir les formalités administratives ! Ce n'est certes pas la partie la plus fun, mais c'est malheureusement indispensable.

Astuce Le tour du propriétaire

En arrivant chez vous, n'hésitez pas à faire un petit tour du propriétaire avec votre bébé, pour lui présenter sa maison à lui.

Un parrain et une marraine pour votre enfant ?

Civil ou religieux, le baptême de votre enfant vous donne la possibilité de lui choisir un parrain et une marraine. Prenez des personnes de confiance, que vous connaissez depuis longtemps, qui savent être là dans les bons (et les moins bons) moments et qui, c'est important, aiment les enfants.

Le baptême civil se pratique en mairie, sans forcément de cérémonie. Il s'agit avant tout d'un acte symbolique. Mais d'un symbole fort. Le baptême civil n'a aucune valeur légale, il s'agit surtout d'officialiser le choix du parrain et de la marraine qui vont s'engager à suppléer les parents, en cas de disparition.

Quelles formalités après la naissance ?

- La première, la plus importante, est d'aller faire la déclaration de naissance dans la mairie de la ville où est né votre bébé. La maternité vous donnera le certificat de naissance nécessaire. Vous devrez uniquement apporter le livret de famille, si vous en avez un (si vous êtes marié), l'acte de reconnaissance (si vous l'avez fait avant la naissance) et une pièce d'identité. La déclaration doit être faite dans les cinq jours qui suivent l'accouchement.
- L'officier de l'état civil vous fournira un acte de naissance que vous allez devoir envoyer à votre employeur, à celui de votre femme, à votre CAF, votre CPAM, votre mutuelle et votre assurance.

Si vous êtes un peu phobique administratif, rassurez-vous, vous devez juste envoyer un simple courrier à tous ces organismes. Prenez votre courage à deux mains. Quelques enveloppes, des timbres, on plie l'acte et on l'envoie. Rien de bien méchant.

Votre nouveau lexique

Ces nouveaux mots vont devenir votre quotidien. Avant, vous n'imaginiez sans doute même pas que certaines de ces choses existaient. Maintenant, vous ne pouvez plus vous en passer.

Mouche-bébé : ô oui, la première fois que vous avez vu quelqu'un s'en servir, ça a pu vous donner la nausée. Puis, étrangement, le jour où vous avez dû, pour la première fois, vous en servir avec votre bébé, c'est passé crème. Surtout que ça le soulage tellement. Votre nouvelle vie est symbolisée par cet objet.

Tétine : ça, vous connaissiez, mais combien de fois un jeune parent peut-il dire, dans les 3 premières années de vie de son enfant : « Mais elle est où cette tétine ? »

Attache-tétine : le jour où vous en avez acheté une, c'est simple, vous avez diminué par 25 le nombre de fois où vous vous demandiez : « Mais elle est où cette tétine ? »

Débordante : ce petit moment de bonheur, lorsque vous réalisez que oui, la couche est sale, mais aussi son body, son pyjama, le matelas de table à langer, voire la manche de votre pull.

Régurgitation : bien plus classe que de parler de « gerbe ».

Croûtes de lait : il paraît que ça dégoûte les autres que de voir un père ou une mère arracher la croûte de lait de son enfant. Je ne comprends pas pourquoi.

N'hésitez pas à noter vous-mêmes ces mots qui sont devenus votre quotidien :

-
-
-
-
-
-

Les premières nuits à trois

Wouhou, c'est parti pour la fin des nuits paisibles, sans bruit et au calme ! Vous allez vite découvrir les joies du petit pleur, pas méchant et pas violent, qui viendra vous électrifier tout pile au moment où vous étiez en train de vous endormir.

Si la maman allaite, c'est surtout pour elle que ces nuits vont être compliquées. Néanmoins, vous pouvez vous rendre utile. Ce serait trop facile de mettre des boules Quiès et de se désintéresser de ce qui se passe la nuit chez vous, sous prétexte que la maman allaite.

Établissez quelques règles entre vous, comme par exemple :

- Le changement de couche nocturne sera le job du papa.
- Quand le bébé pleure, c'est vous qui irez le chercher, pour l'apporter à la maman.
- Quand le bébé a fini de manger, le papa peut faire faire le rot au bébé.
- Vous pouvez peut-être aussi veiller de temps en temps, pendant que votre femme allaite, afin de lui tenir compagnie.
- N'hésitez pas à proposer à votre femme qu'elle tire son lait. Pas forcément toutes les nuits, ni au tout début. Mais vous pourrez ainsi donner un biberon à votre enfant, et votre femme pourra dormir une nuit entière.

Si la maman n'allaite pas, le problème est plus simple à régler. Un biberon chacun, on alterne. Ou alors une nuit chacun, histoire de laisser à l'autre le temps de se reposer de temps en temps. Cherchez la solution qui vous convient le mieux à tous les deux.

Pourquoi ne pas apaiser l'ambiance en musique ?

La musique adoucit les mœurs, nous expliquaient nos aînés, et cela se vérifie dès le plus jeune âge. N'hésitez pas à faire le test en diffusant un peu de musique au moment de coucher votre bébé. Pas à chaque fois, bien sûr, mais pourquoi pas de temps en temps, notamment pour l'apaiser, si vous le sentez légèrement stressé.

Choisissez une musique douce (pas sûre qu'AC/DC soit idéal !) : du classique marchera toujours (les nocturnes de Chopin, par exemple, 100 % efficace). Vous pouvez également essayer des bruits de pluie, de grenouille ou de vent qui souffle. Cela pourrait même vous endormir, VOUS !

Établissez vos propres règles :

- ☐
- ☐
- ☐
- ☐
- ☐
- ☐
- ☐
- ☐
- ☐

Notez ici votre planning si vous décidez d'alterner les missions entre vous :

Partie 2

Les premières semaines

Découvrez les joies des angoisses de parents

Devenir papa est un bouleversement énorme. Au-delà de tout ce que vous pouviez imaginer. Mais un bouleversement assez progressif.

Un papa me confiait un jour qu'en rentrant chez lui, le soir de l'accouchement, il s'était surpris lui-même à constater qu'il était toujours le même.

Néanmoins, chaque jour, le nouveau papa va remplacer le jeune homme (pas forcément jeune d'ailleurs) que vous étiez. Vous allez notamment perdre en légèreté (verre à moitié vide), ou gagner en maturité (verre à moitié plein). Et vous allez découvrir les joies des angoisses de parents.

Quand votre bébé vous réveille la nuit par exemple, c'est difficile, c'est fatigant, c'est dur. Mais quand il ne vous réveille pas, vous risquez de trouver ça inquiétant, et il n'est pas impossible que vous vous surpreniez à contrôler la respiration de votre bébé, en pleine nuit... Quitte à le réveiller pour être sûr que tout va bien ! Ce qui est complètement absurde, nous en conviendrons. Mais ça arrive à tous les jeunes parents.

Je pense que la liste des angoisses des nouveaux papas est non exhaustive. En voici quelques-unes. Libre à vous de la compléter avec vos propres angoisses. Les écrire sur papier permet de relativiser (si, si, ça fonctionne !).

Découvrez les petites et grandes angoisses qui vont devenir vôtres :

- ☐ Dois-je boucher toutes les prises électriques de chez moi pour éviter qu'il ait la bonne idée d'y mettre les doigts ?
- ☐ Je lui ai donné de l'eau dans un biberon en plastique, suis-je un dangereux inconscient ?
- ☐ Les perturbateurs endocriniens vont-ils faire passer mon bébé adolescent à l'âge de 6 ans ?
- ☐ Sa purée est-elle assez bien mixée ?
- ☐ Dois-je rembourrer tous les coins de table, d'armoires et autres meubles de papier à bulle pour prévenir une mauvaise chute ?
- ☐ Une pomme non bio, est-ce toujours une pomme ?
- ☐
- ☐
- ☐
- ☐
- ☐
- ☐
- ☐

Pour répondre à toutes ces questions, j'ai rencontré un jour un pédopsychiatre plein de bon sens. Pour toutes ces angoisses des nouveaux parents, sa réponse, rassure : **« Faites-vous confiance. Suivez votre instinct. »**

Petit, vous ne mangiez que des fruits bios ? Non, et pourtant, vous êtes en pleine forme (mis à part votre petit ventre, sans doute plus dû à l'abus de bière/tacos que de pomme industrielle, non ?)

Les nuits : reprenez le dessus

C'est sans doute le chapitre de ce livre qui vous intéressera le plus. D'ailleurs, vous n'avez peut-être pas lu tout ce qui précède (ce qui est dommage, il y a vraiment des conseils incroyables !), obnubilé que vous êtes à pouvoir redormir tranquille.

Existe-t-il une recette miracle pour que son bébé dorme la nuit ?

Vous vous en doutiez, la réponse est NON.

En revanche, je suis persuadé que si les parents sont convaincus que le bébé va les faire galérer la nuit, alors ce sera le cas. **Vous devez y croire.**

Selon vous, Zidane, le 12 juillet 1998, vers 20 h 30, il se disait quoi ? « Mon Dieu, ça va être dur, je suis sûr que Ronaldo va nous faire la misère et que moi je ne saurai pas comment réagir ? » Ou alors : « Je suis le patron, j'y crois, je vais gagner. »

Les nuits avec un bébé, c'est un peu une finale de la Coupe du Monde quotidienne : chaque jour, vous remettez votre titre en jeu. Pardonnez cette référence foot légèrement clichée, mais l'idée est d'avoir bien en tête qu'en matière de sommeil, rien n'est jamais acquis. Vous ne devez jamais perdre espoir. Ce sera dur, mais un jour, vous allez redormir (si, si !)

À quel moment le rythme du sommeil se met en place ?

Les premiers jours, votre bébé va surtout dormir par cycles très court, maximum 4 heures d'affilée. Il est convenu que le bébé ne fait pas de véritable distinction entre le jour ou la nuit, pour le sommeil. Ce qui le réveille, le plus souvent : la faim... ou la couche à changer.

À partir de 2/3 mois, (les optimistes disent à partir de 5 kg) son sommeil va avoir tendance à se normaliser (façon de parler).

Les cycles vont s'installer et son sommeil sera de meilleure qualité. On estime que les phases de sommeil agité diminuent à cette période.

Après 6 à 7 mois, le sommeil du bébé va avoir tendance à se caler sur celui des adultes. C'est-à-dire que son métabolisme intègre que la nuit, on dort, et le jour, on est éveillé. C'est évidemment à nuancer, il fera bien entendu des siestes jusqu'à 3 ou 4 ans, mais c'est à partir de cet âge que ses nuits, et les vôtres, sont censées se stabiliser.

Conseil Les règles pour la nuit

- **Le cododo, oui, mais uniquement les premiers mois, et pas dans votre lit.** Dans un petit lit d'appoint que vous installerez à côté du lit parental. N'oubliez jamais cette règle d'or : votre lit, c'est votre lit. Il est réservé à votre couple. Les enfants n'ont rien à y faire.
- **Pas de marche arrière.** À partir du moment où vous décidez que votre enfant dormira dans sa chambre, vous ne changerez plus d'avis. Vous ne reviendrez plus en arrière. Votre bébé doit comprendre que la règle est celle-ci : tu dors dans TA chambre.
- **Croyez en vous.** Le soir, quand vous dites « bonne nuit » à votre enfant, vous devez y croire vous-même. Ne passez pas deux heures à le supplier de bien dormir. Sinon, malin comme il est, il comprendra que cette possibilité – vous réveiller la nuit – existe, et il en usera (et en abusera, évidemment).
- **La nuit, on dort.** Si votre enfant vous appelle en pleine nuit, allez-y, une fois, vous lui expliquez que dans votre maison, la nuit, on dort. Un bisou, sans le sortir du lit, et bonne nuit tout le monde. Votre bébé sera rassuré de vous voir convaincu. Et il s'endormira (enfin, j'espère pour vous).
- **HELP.** Une fois tout cela dit, si votre bébé continue de vous faire galérer la nuit, n'hésitez surtout pas à consulter. Un seul rendez-vous peut suffire.

Témoignage Vincent, 35 ans, papa de Baya, 6 ans

J'ai rencontré un jour le docteur Christian Spitz (vous vous souvenez, le Doc, de Doc et Difool, eh bien c'est lui, il est pédiatre). Nous sommes allés le voir, avec ma femme, car notre fille de 2 ans ne dormait pas la nuit. Nous nous attendions à ce qu'il nous prenne par la main, nous plaigne, et nous dise de serrer les dents, ça va passer, tout cela est normal. Mais non, après notre propos préliminaire pour lui exposer la situation, il nous a coupés. Il a regardé ma fille droit dans les yeux et lui a dit, en ces termes et avec un ton cordial, mais très ferme : « La nuit, on dort. Tes parents, la nuit, tu dois les laisser tranquille. Leur chambre, c'est à eux, tu n'as rien à y faire. Donc, à partir de ce soir, tu dors quand tes parents te disent de dormir. Ce n'est pas toi la patronne, chez toi. La journée comme la nuit. »

Nous sommes sortis du rendez-vous un peu choqués, sous l'angle « Mais tu as vu comment il lui parle, à notre petit chaton des îles, il est fou ce type ou quoi ? »

Ça faisait 6 mois que, chaque nuit, elle nous réveillait environ 26 fois. Vous me croirez ou pas, mais le soir même, notre fille a dormi 10 heures de suite. Depuis ce jour, elle dort merveilleusement bien. Il a sauvé nos nuits, notre santé mentale, notre santé tout court.

J'ai bien retenu sa leçon : quand vous expliquez clairement, et fermement, quelque chose à votre enfant, il le comprend. Et si vous n'y arrivez pas, faites-vous aider.

L'histoire du soir, le bon rituel pour aider votre enfant à s'endormir

L'histoire du soir est un classique dont il serait vraiment dommage de se passer. Il n'y a d'ailleurs pas d'âge pour commencer à lire une histoire à son enfant.

Dès ses premières semaines, on peut commencer à lui raconter des histoires adaptées à son âge, des petits imagiers par exemple, ou les livres sonores (ne commencez pas tout de suite avec *Guerre et Paix*, ça risquerait de le dégoûter).

Cela peut devenir votre habitude et votre moment à vous. Dans la mesure du possible, je vous encourage à ne jamais passer à côté de l'histoire du soir, et ce pour plusieurs raisons :

- Avec un peu de chance, ça lui donnera le goût de la lecture. Et quoi de plus agréable que de croiser, dans les transports en commun par exemple, un ado qui lit. Un vrai livre. En papier. Et non les yeux plongés dans son smartphone.
- Ce sera votre moment, un moment de complicité, ou vous êtes UNIQUEMENT avec votre enfant, et lui est UNIQUEMENT avec vous. C'est finalement assez rare, dans une journée.
- La lecture, à l'évidence, apaise.
- Son imagination sera stimulée par l'histoire du soir. Il n'est pas nécessaire, selon moi, de lire des livres particulièrement illustrés. Il faut juste alterner et aussi, pourquoi pas, inventer des histoires de temps en temps (mais attention, c'est assez complexe, d'inventer une histoire cohérente, avec un début/un milieu/une fin.)
- La promesse de la lecture du soir est aussi un bon moyen de désamorcer la petite colère qui va bien, au moment où vous allez lancer à votre enfant : « Allez hop, au lit ! »

Les spécialistes sont unanimes : plus un enfant entend d'histoires, plus son développement va être stimulé. Et plus son niveau de langage va progresser.

Quels autres rituels possibles ?

- ☐ Lui donner un bain, pour l'apaiser.
- ☐ Écouter de la musique douce.
- ☐ Lui chanter une chanson.
- ☐ Dire bonne nuit à ses doudous, un par un.

N'hésitez pas à noter vous-même vos bonnes idées de rituels…

Conseil Mes conseils de lecture

Quelques livres, des classiques, que je vous recommande. Qui plaisent à des enfants depuis 27 générations, aucune raison que les vôtres n'y prennent pas goût.

Pour les tout-petits : Des livres jouant sur les couleurs et les formes, très peu de textes et beaucoup de choses à regarder. Je vous conseille de lire des livres à vos enfants, dès ses premières semaines. Et surtout de conserver ses livres, vous lui ressortirez le jour de ses 18 ans.

Prêt à rugir ou *Prêt à décoller* d'Adeline Ruel, éditions Albin Michel.

Les livres à écouter ou à toucher sont aussi d'excellents moyens pour les enfants de prendre le goût de la lecture. Et, là aussi, vous avez le choix.

Mes oiseaux à écouter, éditions Thomas jeunesse.

Les bébés à fourrure, éditions Langue de chat.

Avec mon doigt, éditions Usborn.

Livre audio : Le principe est salvateur. N'hésitez pas à en abuser. Ces histoires lues stimulent l'imagination des enfants tout en leur donnant le goût de l'objet livre.

Pierre et le Loup, raconté par Bernard Giraudeau, Gallimard Jeunesse. S'il ne fallait en sélectionner qu'un, ce serait celui-là. Dès 2 ans, 2 ans et demi.

La princesse Grenouille, racontée par Élodie Fondacci, éditions Gautier Languereau. Dès 2 ans.

Livre pop-up : Ces livres ont l'avantage d'avoir, bien souvent, des histoires courtes, et beaucoup de choses, pour votre enfant, à observer, voire à toucher. Attention cependant, si votre petit a tendance à tout déchirer, ne lui laissez JAMAIS entre les mains. 20 secondes suffisent.

Le pop-up de Croque-Bisous, chez Kimiko. Dès le plus jeune âge.

La maison hantée, de Jan Pienkowski, éditions Nathan. Il se murmure qu'il s'agit là du plus célèbre des livres pop-up. Vous partirez découvrir la plus dingue des maisons hantées, votre enfant aura peur (un peu) et va se marrer (beaucoup). Bon, pas avant 2 ans et demi, faut pas pousser.

Histoires plus classiques : Les chefs-d'œuvre Disney, sous forme de grimoire. Hachette Disney. Dix histoires cultes... que vos enfants vont vite connaître par cœur. Un classique.

Helena, Ivan et les oies, Didier Jeunesse. Conte traditionnel russe, qui met en scène Helena, qui va devoir affronter ses peurs pour retrouver son petit frère, Ivan, enlevé par des oies. Poétique.

Les petits imagiers, qu'ils soient sonores ou non, seront parfaits pour « débuter » avec la lecture. Votre enfant pourra les mordre, les jeter, et les embrasser... et aussi contempler les couleurs et les formes. N'hésitez pas, dès les premiers mois de vie de votre bébé, pour commencer, à en feuilleter avec lui. À 1 an, il sera ainsi prêt pour attaquer avec vous *Madame Bovary*, soyez en sûr.

Mes chansons et livres préférés :

Quiz spécial sommeil

Votre enfant va grandir, va enfin faire ses nuits et, vous, vous allez (heureusement) oublier tous ces moments de galère. Pendant que c'est encore bien frais, répondez à ce petit quiz !

Pour vous, les premières nuits avec votre bébé, c'est :

- ☐ que du bonheur.
- ☐ la grande douleur.
- ☐ il faudrait demander à la maman car, perso, je dors.

Jusqu'à l'arrivée de votre bébé, vous aviez besoin de combien d'heures de sommeil ?

- ☐ 5.
- ☐ 7.
- ☐ minimum 9.

Sur la première année de votre enfant, vous diriez avoir dormi combien d'heures, en moyenne, par nuit ?

- ☐ 3.
- ☐ 5.
- ☐ 7.

Pendant les insomnies de votre enfant, vous êtes plutôt du genre :

- ☐ GO du Club Med. Vous lui chantez des chansons et le faites marrer.
- ☐ Mark Zuckerberg. Vous en profitez pour lire vos mails, consulter votre compte en banque et répondre à vos notifications sur Twitter.
- ☐ je pionce… et je me demande bien comment la maman s'occupe pendant ses insomnies.

Depuis l'arrivée de bébé, vos nuits, c'est plutôt :

- ☐ *Star Wars*. Le sommeil est le côté obscur de la force, mais malheureusement pour vous, maître Yoda (bébé) vous empêche de basculer.
- ☐ *Indiana Jones*. Vous êtes en quête du Graal (le sommeil) et êtes prêt à tout pour y arriver.
- ☐ *Mission impossible*. Tout le monde vous avait dit que vous n'y arriveriez pas. Mais, vous, vous n'avez jamais douté.

Les berceuses

Vous êtes hypernuls en chanson pour enfant ? Voici les bases. N'hésitez pas à les apprendre par cœur. Oui, vous vous sentirez peut-être un peu neuneu en les chantant la première fois. Mais vous allez vite vous habituer, notamment en découvrant que ces chansons plaisent à votre enfant.

Le classique par excellence :

C'est à la halle
Que je m'installe
C'est à Paris
Que je vends mes fruits
C'est à Paris la capitale de la France
C'est à Paris
Que je vends mes fruits.

Refrain :
Pomme de reinette et pomme d'api
Petit tapis rouge,
Pomme de reinette et pomme d'api
Petit tapis gris.
Cache ton poing derrière ton dos
Ou je te donne un coup de marteau.

Autre classique, surtout que les paroles vont particulièrement résonner comme un rêve dans vos oreilles :

Dodo, l'enfant do,
L'enfant dormira bien vite.
Dodo, l'enfant do.
L'enfant dormira bientôt.
Une poule blanche.
Est là dans la grange.
Qui va faire un petit coco.
Pour l'enfant qui va fair' dodo.

Un dernier classique, pour la route :

Un éléphant, qui se balançait
Sur une toile, toile, toile,
Toile d'araignée

Il trouvait ce jeu tellement, tellement amusant,
Qu'il alla chercher,
Un deuxième éléphant

Deux éléphants, qui se balançaient,
Sur une toile, toile, toile,
Toile d'araignée
Ils trouvaient ce jeu tellement, tellement amusant,
Qu'ils allèrent chercher,
Un troisième éléphant...

Avantage de cette comptine : elle n'a pas de fin, vous pouvez la poursuivre à l'infini. **Inconvénient de cette comptine :** elle n'a pas de fin, vous pouvez la poursuivre à l'infini.

En revanche, je vous déconseille les chansons suivantes, en particulier lorsque l'on découvre leur sens caché :

Nous n'irons plus au bois,
Les lauriers sont coupés,
La belle que voilà
Ira les ramasser
Entrez dans la danse,
Voyez, comme on danse,
Sautez, dansez,
Embrassez qui vous voudrez.

Ça paraît sympa, non ? En fait, cette chanson fait référence à la fermeture des maisons closes sous Louis XIV. Nous n'irons plus au bois.

Une autre :

Une souris verte
Qui courait dans l'herbe
Je l'attrape par la queue,
Je la montre à ces messieurs
Ces messieurs me disent :
« Trempez-la dans l'huile,
Trempez-la dans l'eau,
Ça fera un escargot
Tout chaud. »

Une souris verte ferait référence à un soldat (la souris) traqué pendant la guerre de Vendée puis torturé... plongé dans l'eau et l'huile bouillante.

Bon, pas sûr que votre bébé capte toute de suite la réelle signification. Mais c'est toujours bien de le savoir !

Pourquoi ne pas essayer une comptine avec jeux de doigts ? Pas besoin d'apprendre une chorégraphie par cœur, laissez-vous guider par votre inspiration, et votre sens inné du rythme.

Exemple de comptine :

Petit escargot,
Porte sur son dos,
Sa maisonnette.
Aussitôt qu'il pleut,
Il est tout heureux,
Il sort sa tête.

Et avec vos doigts, vous l'avez compris, vous faites l'escargot en boule. Oh là là, il pleut, levez votre pouce, ça veut dire qu'il sort sa tête. Bravo, vous avez réussi votre première comptine à doigts !

Un grand classique, que les enfants adorent dès 18 mois, et qui a l'avantage de demander « beaucoup » de gestes différents à votre enfant :

Si t'es heureux et que tu l'sais, tape dans tes mains ! *(tapez deux fois dans les mains)* × 3

Si t'es heureux et que tu l'sais, et que tu veux nous le montrer
Si t'es heureux et que tu l'sais, tape dans tes mains ! *(tapez deux fois dans les mains)*

Si t'es triste et que tu l'sais, pleure un peu – OUH ! *(frottez vos yeux avec les poings)* × 3

Si t'es triste et que tu l'sais, et que tu veux nous le montrer

Si t'es triste et que tu l'sais, pleure un peu *(frottez vos yeux avec les poings)*

Si t'es en colère et que tu l'sais, tape du pied *(tapez du pied par terre)* × 3
Si t'es en colère et que tu l'sais, et que tu veux nous le montrer
Si t'es en colère et que tu l'sais, tape du pied *(tapez du pied par terre)*

Si t'es content et que tu l'sais, crie Youpi *(criez « Youpi ! »)* × 3
Si t'es content et que tu l'sais, et que tu veux nous le montrer
Si t'es content et que tu l'sais, crie Youpi *(criez « Youpi ! »)*

Autre classique, qui vous rappellera votre enfance. Votre enfant doit mimer le soleil, puis la montagne, la mer, etc.

Dans mon pays d'Espagne olé
Y a un soleil comme ça (bis)

Dans mon pays d'Espagne olé
Y a un soleil commeça (bis)
Y a une montagne comme ça (bis)

Dans mon pays d'Espagne olé
Y a un soleil comme ça (bis)
Y a une montagne comme ça (bis)
Y a la mer comme ça (bis)

Dans mon pays d'Espagne olé
Y a un soleil comme ça (bis)
Y a une montagne comme ça (bis)
Y a la mer comme ça (bis)
Y a un taureau comme ça (bis)

Dans mon pays d'Espagne olé
Y a un soleil comme ça (bis)
Y a une montagne comme ça (bis)
Y a la mer comme ça (bis)
Y a un taureau comme ça (bis)
Y a un chanteur comme ça (bis)
Qui a une guitare comme ça (bis)

Les premières sorties à trois

Bon, la première semaine, pas la peine de vous mettre trop la pression, pas besoin de courir les musées et les bibliothèques avec votre bébé. Restez tranquille à la maison, tout le monde en sera très content. Néanmoins, vous allez vite souhaiter prendre l'air et, c'est une certitude, cela fera le plus grand bien à votre enfant.

Si la météo est un peu mauvaise, cela ne doit pas vous arrêter. On dit qu'il n'y a pas de météo défavorable, uniquement des habits pas adaptés. S'il pleut, c'est un non-problème. Dans sa poussette et sous son habillage pluie, il sera bien au chaud et ne sera pas du tout mouillé. S'il fait froid, et que vous hésitez à sortir, dites-vous que même les enfants au Groenland ne restent pas calfeutrés chez eux. Un pyjama, un petit pull, un bonnet, un manteau/combinaison, une couverture, emballé dans sa poussette ou dans son porte-bébé : soyez sûr qu'il sera bien au chaud. S'il fait trop chaud, c'est peut-être là qu'il faut être le plus vigilant. Le chapeau, toujours. Des lunettes de soleil aussi. Votre enfant doit toujours être à l'ombre, jamais exposé au soleil. N'hésitez pas à lui donner régulièrement de l'eau, à vaporiser son visage fréquemment. Et tout se passera bien.

La sieste dehors, quelle vertu ?

Dans certains pays nordiques, les bébés, dans les collectivités, font leur sieste… dehors. Même lorsque les températures descendent en dessous de 0 °C. Sont-ils dingues ? Même pas. D'une part, ces enfants dorment sous 27 couches de couvertures, pour ne prendre aucun risque. D'autre part, on considère que l'air pur extérieur est bien meilleur pour nos enfants que l'air confiné (et pollué, forcément) des intérieurs.

Certaines crèches en France pratiquent cette méthode, appelée pédagogie Pikler-Lóczy. On imagine la tête des parents quand on leur en a parlé la première fois. Il est rappelé aujourd'hui que le froid n'est pas un problème pour un enfant, c'est la sensation de froid qui en est un.

Notez ici vos balades préférées :

Le congé paternité

Oui, 11 jours, pour faire la connaissance de son enfant, c'est très peu. C'est pourtant la durée du congé paternité en France. Essayez de le mettre à profit au maximum !

Il y a deux écoles chez les pères qui prennent ce congé paternité : le poser juste après la naissance, ou attendre quelques mois. Chaque couple doit en discuter avant l'accouchement pour savoir ce qui leur correspond le mieux. Il apparaît néanmoins sûr que c'est une bonne chose d'être à 3 pour les premiers jours. Vous allez ainsi avoir le temps (relatif) de rencontrer votre bébé. Il faut également se mettre à la place de la maman : si, à peine rentrée de la maternité, elle se retrouve seule avec votre bébé, c'est violent pour elle.

Le congé paternité est ouvert à tous les salariés. Vous pouvez en bénéficier quelle que soit votre ancienneté ou votre statut (CDI, CDD, intérimaire...). Pour ce faire, vous devez informer votre employeur de la date et de la durée de ce congé au moins un moins avant la date choisie. Votre patron va établir une attestation de salaire, qui sera la base pour l'assurance maladie pour déterminer si vous pouvez prétendre, ou non, aux indemnités journalières.

Pièce à fournir à l'assurance maladie :

- copie intégrale de l'acte de naissance (ou copie du livret de famille)

Plus d'infos sur www.ameli.fr

Ce que dit le gouvernement : La secrétaire d'État à l'égalité entre les femmes et les hommes, Marlène Schiappa, a déclaré, fin 2017, qu'elle étudiait « toutes les possibilités d'allongement, mais aussi de meilleure rémunération et meilleure information du congé paternité ». Selon elle, « beaucoup de pères ne savent pas exactement quels sont leurs droits ». En effet, aujourd'hui, seuls 7 papas sur 10 prennent ce congé paternité.

Et ailleurs ?

Au Royaume-Uni, le congé paternité dure 14 jours, mais l'indemnisation est faible.

Au Danemark, il dure également 14 jours, avec une indemnisation plus importante, pouvant couvrir la totalité du salaire perdu. En Belgique, le congé paternité dure 10 jours, avec la possibilité de ne pas poser ces 10 journées de manière consécutive. En Italie ou en Grèce, à peine deux petits jours.

En Allemagne, le congé paternité n'existe pas. En revanche, le papa et la maman peuvent se partager 14 mois de congé parental, en recevant un peu plus de la moitié de leur salaire. Une autre politique.

Comme souvent, les meilleurs sont les Suédois. Le couple se partage 480 jours de congé parental, avec obligation pour le père et la mère de prendre au moins 60 jours chacun. Les 360 jours restant seront à partager dans le couple. Les deux conservent 80 % de leur salaire.

Conseil Prévenir vos collègues

Pendant cette période, évidemment, n'oubliez pas de prévenir vos collègues les plus proches, ainsi que vos supérieurs, de la naissance de votre enfant. Un message pour dire que tout se passe bien, un autre pour rappeler à quelle date vous serez de retour et... c'est tout ! Ce congé est court, profitez-en pour faire une détox de votre smartphone.

Mon congé paternité

J'ai pris mon congé du .... au ....

J'en ai profité pour ...

Le moment le plus dingue, c'était ...

Le moment le plus émouvant c'était ...

Au moment de reprendre le boulot, j'étais...

- Dégoûté
- Déprimé
- Soulagé
- Crevé

Si demain, j'étais nommé ministre des familles, ce congé, je le...

- Laisserais comme ça
- Prolongerais de 3 semaines
- Prolongerais de 6 mois

Partie 3

Votre nouvelle vie

Votre vie sociale est-elle terminée ?

Bonne nouvelle : non !
Les bébés ont un énorme avantage sur nous : ils savent s'adapter.

Si vous êtes plutôt casaniers, adeptes des samedis soir à la maison, sous le plaid, avec une tisane à regarder *The Voice*, alors votre bébé se calera sur ce rythme. Si en revanche, pour vous, les samedis, c'est automatiquement soir de fête, apéro, copains à la maison, musique et karaoké express, votre bébé s'adaptera.

Évidemment, il ne faut pas abuser. La musique, on ne la mettra plus aussi fort qu'avant, vous demanderez expressément à vos potes de ne pas fumer chez vous et ferez attention à ce que votre bébé n'attrape aucune cacahouète.

À part ça, tout reste possible.

Sachant que c'est votre état de forme à vous qui sera votre seule limite. En ne dormant que 4 heures par nuit, on a – étrangement – un peu moins envie de se mettre à l'envers. Mais ça reviendra.

Quand votre bébé est encore un bébé, vous pouvez même facilement aller au restaurant ou dans un bar (il dormira dans sa poussette), à un concert ou à un match de foot (le Dieu de la parentalité a créé des casques antibruit pour petits). C'est lorsque votre enfant grandira que ces choses-là se compliqueront. Mais vous avez le temps.

Listez ici vos activités habituelles (sports, sorties...)

Vie sociale : définissez vos priorités

N'hésitez pas à remplir ce tableau pour déterminer avec vous-même ce que vous ne voulez surtout pas perdre de votre vie d'avant, ce que vous espérez garder de temps en temps, et ce sur quoi vous êtes prêt à tirer un trait.

Je ne peux pas m'en passer, je compte bien continuer	Si je pouvais encore le faire de temps en temps…	Ok, je reprendrai dans 15 ans

Votre vie sexuelle est-elle *dead* ?

Bon, là aussi, on ne va pas se mentir, les premières semaines de vie de votre bébé, vous passerez plus de temps à changer des couches qu'à effeuiller votre partenaire.

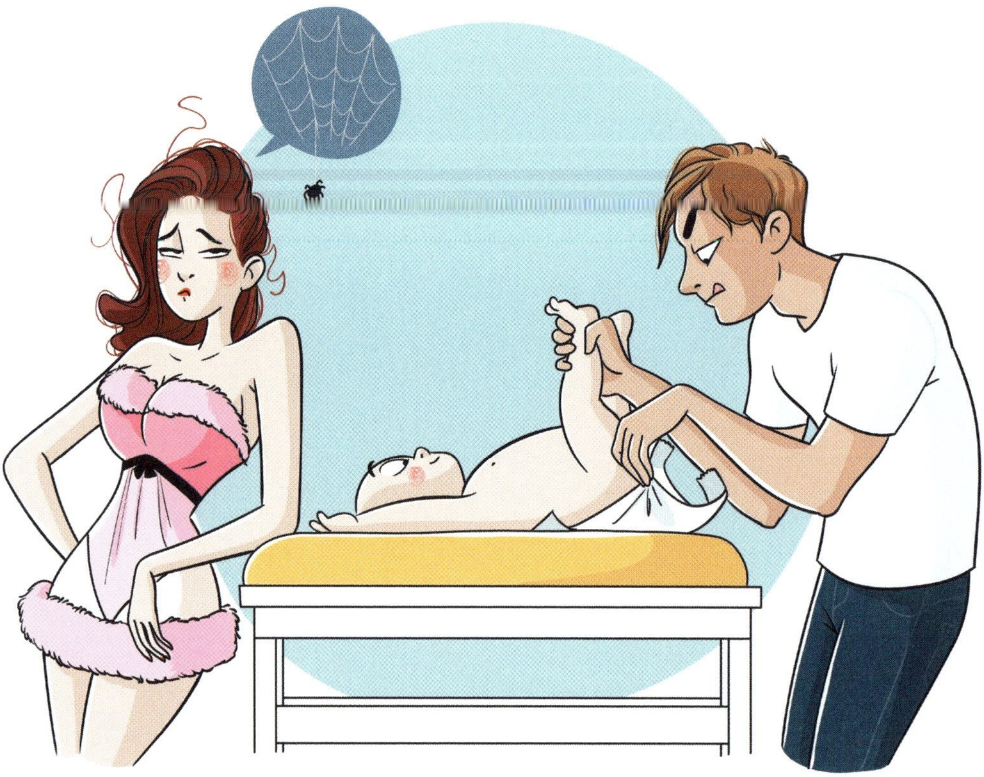

Et encore. Une sage-femme m'a un jour raconté avoir surpris un couple, l'un sur l'autre, au lendemain (!) de l'accouchement. Je ne pensais pas que c'était physiquement possible, mais visiblement, ça l'est. J'imagine que l'accouchement s'était bien passé, sans épisiotomie, mais tout de même...

Plus globalement, après un sondage non représentatif autour de moi, je dirais que le cours normal des choses reprend environ 2 mois après la naissance de votre enfant.

Voici les conseils des gynécologues/sexologues/psychologues :

- Y aller en douceur.
- Changer votre vision des choses : il n'y a pas que la pénétration dans la vie. Le retour à la sexualité peut très bien passer par des caresses, des massages, les préliminaires. Bref soyez inventif, et délicat.
- Ne pas hésiter à utiliser cette invention très ingénieuse qu'est le lubrifiant.
- Accepter l'idée que la première fois (et même peut-être la deuxième) sera un peu ratée. C'est un peu comme votre première fois tout court, vous étiez gauche, vous ne saviez pas comment vous y prendre, personne n'y a pris beaucoup de plaisir. Ce sera pareil cette fois-ci. Il faudra réapprendre à faire l'amour (je vous rassure, ça revient vite).

Une reprise en douceur et dans le dialogue

N'attendez pas trop avant de reprendre votre vie sexuelle. Plus on attend, moins on a envie de reprendre, plus on appréhende la chose.

N'hésitez pas à en parler en amont, un peu, beaucoup, ~~énormément,~~ pour savoir ce que votre femme et vous attendez l'un de l'autre.

Les sorties en couple

C'est sûr, les premières semaines, vous n'aurez aucune envie de confier votre bébé pour aller au cinéma ou au resto. Néanmoins, il est important d'essayer de retrouver rapidement une vraie vie de couple, « indépendante » de la vie de parents. Pas besoin de partir deux semaines en vacances à l'Ile Maurice, mais une fois de temps en temps, une petite balade en amoureux, un apéro en terrasse sans votre bébé, une fête chez des copains, etc.

Pour la première sortie, il est fort probable que vous parliez presque exclusivement de votre bébé. Mais ce n'est pas grave, ce petit moment à deux, loin de lui, vous permettra de vous retrouver en tête à tête. L'occasion aussi de prendre un tout petit peu de hauteur, de demander à la maman comment elle se sent, comment vous pourriez la soulager de telle ou telle chose, etc. Indispensable.

Votre carrière est-elle finie ?

Là aussi, la réponse est non. Évidemment.
Néanmoins, il faut se préparer à changer quelque peu vos habitudes au boulot. Vous n'êtes officiellement plus le p'tit gars qui n'a que son boulot dans la vie.
C'est comme ça, et c'est pas plus mal.

Si vous décidez de prendre votre nouvelle fonction, celle de père, au sérieux, alors, *a priori*, vous allez devoir (et vouloir) lever le pied sur :

- **Les *afterworks*.** De toute façon, qu'y a-t-il de plus déprimant que de boire un coup avec des collègues avec qui vous venez de passer la journée, et avec qui vous passerez celle du lendemain ?
- **Le présentéisme.** Être le premier arrivé, le dernier parti. Traîner dans les couloirs après 19 heures pour bien montrer à votre N +1 que vous êtes encore là. Répondre aux mails le dimanche. Ne pas prendre tous ses congés pour aller au bout d'un dossier. Accepter un dîner avec un client, à l'autre bout de la ville, et le faire avec plaisir. Bref, en faire trop. Pour faire simple, dites-vous que tout cela, grâce à votre bébé, c'est terminé. J'ai bien dit « grâce », et non « à cause ». Car, d'une part, sans être DRH, je ne pense pas que passer pour le fayot de service serve véritablement une carrière. D'autre part, est-ce vraiment de cette vie que vous vouliez ? Remerciez votre bébé, vous avez désormais la meilleure excuse au monde pour ne pas aller au pot de départ de Patrick, le gars chelou du service compta que vous ne connaissiez pas vraiment.
- **Les potins d'entreprise.** Je ne dis pas qu'ils ne vous intéresseront plus. Si, si, bien sûr, savoir que votre collègue de l'accueil a eu un rencard avec le type des imprimantes, ça vous fera toujours marrer. En revanche, vous allez, doucement mais sûrement, mettre un peu moins de cœur pour comprendre pourquoi untel déteste untel, pourquoi machin pense être mal payée par rapport à truc, etc. Ce qui vous polluait un peu l'esprit… vous polluera beaucoup moins. Pour une bonne raison : vous n'aurez plus assez de temps de cerveau disponible pour ce genre de chose. Là aussi, c'est, au final, une bonne nouvelle.

Tout compte fait, le nouveau père que vous êtes sera un peu moins obsédé par son travail, mais pourra, bien évidemment, rester tout aussi investi.

Il ne faudra pas faire l'erreur de se mettre à bâcler du jour au lendemain son boulot, pour rentrer au plus vite retrouver son marmot. Mais de toute façon, avec le temps, la motiv' extrême que vous aviez avant de devenir père vous allez la retrouver progressivement. Pas d'inquiétude.

Notez ici vos objectifs professionnels, à court, moyen et long terme :

Votre bogossitude est-elle de l'histoire ancienne ?

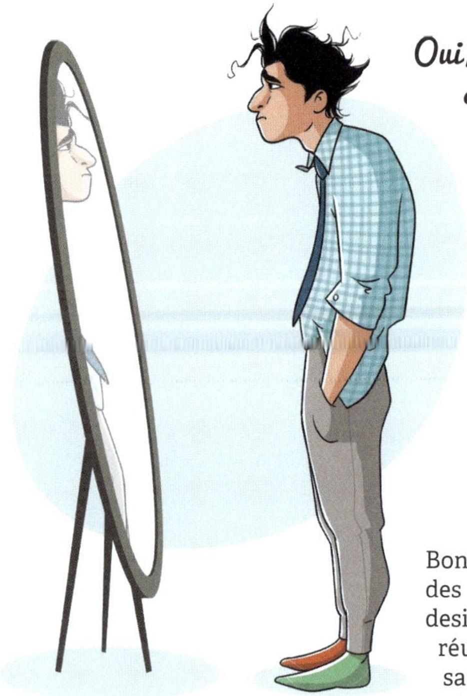

Oui, c'est vrai, durant les premiers mois de vie de votre bébé, vous allez très probablement passer moins de temps à imaginer vos tenues chaque matin, votre barbe de 3 jours ressemblera de plus en plus à une barbe de 7 jours, et vous réaliserez, parfois, en arrivant au bureau, que la petite tache blanche indélébile sur votre épaule… c'est du vomi.

Bon. Assumez-le, il se trouve que 2018 va être l'année des *dadcore*. C'est une créatrice britannique et designer pour Balenciaga, Martine Rose, qui a même réussi à populariser le style en s'en inspirant pour sa nouvelle collection. Le *dadcore*, c'est quoi ? Ce vieux style des papas qui font un peu honte à leurs enfants en allant les chercher à l'école. Rappelez-vous, dans les années 1990 : bas de survet' Champions USA violet, haut trop large vert-pomme, chaussure de course à pied. Bref, une horreur. Avant 2018. Aujourd'hui, c'est LA MODE. Martine Rose dit s'être inspirée des « jeunes papas dans les parcs » pour sa collection. La classe à l'arrache.

Vous n'avez jamais été aussi BG que depuis que vous êtes père !

Vous avez remarqué, quand vous marchez dans la rue, avec votre bébé, en poussette ou en porte-bébé, il y a un truc en plus. Le menton levé, les pectoraux en avant, le regard au loin, la démarche assurée : vous êtes FIER. Oui, la paternité offre quelque chose de nouveau, qui s'appelle la confiance en soi. Ça vous rend beau. Bon, vous n'êtes pas devenu Brad Pitt non plus, il ne faut pas s'enflammer. Mais c'est sûr, la paternité n'a pas tué votre bogossitude !

Quelques réflexions sur la paternité

Depuis toujours, ou presque, la paternité inspire les (plus ou moins) grands penseurs. Voici quelques pépites :

« Il est plus facile pour un père d'avoir un fils que pour un enfant d'avoir un bon père. »

Jean XXIII, pape déculpabilisateur en chef.

« Le rêve du héros, c'est d'être grand partout et petit chez son père. Le père c'est le toit béni, l'abri prospère, une lumière d'astre à travers les cyprès. C'est l'honneur, c'est l'orgueil, c'est Dieu qu'on sent tout près. »

Victor Hugo, qui sait flatter le papa que nous sommes.

« Vénérez la maternité, le père n'est jamais qu'un hasard. »

Friedrich Nietzsche, légèrement « verre à moitié vide », sur ce coup-là.

« Dans une prochaine vie, papa, j'aimerais te reprendre comme père. »

Bernard Werber. Le rêve.

« Chez la fille, il n'est pas de désir plus grand que celui de protection par le père. »

Sigmund Freud, légèrement « verre à moitié plein », sur ce coup-là.

« Il n'y a que le père qui n'envie pas le talent de son fils. »

Goethe, poète allemand.

« La science, c'est ce que le père enseigne à son fils. La technologie, c'est ce que le fils enseigne à son papa. »

Michel Serres. Un jour, nous réaliserons qu'il a dit vrai. Ce jour-là, on prendra un sacré coup de vieux.

« Ô Roméo ! Roméo ! Pourquoi es-tu Roméo ? Renie ton père et abdique ton nom ; ou, si tu ne le veux pas, jure de m'aimer, et je ne serai plus une Capulet. »

Juliette, provocatrice.

Le monde merveilleux… des gens qui détestent les bébés

Il suffit de demander autour de vous. Quiconque est aujourd'hui parent a déjà été confronté à la grande hostilité anti-enfant. Vous, jeune parent, n'êtes pas prêt à cela. Vous pensez (à juste titre, d'ailleurs) que votre bébé est la 8e merveille du monde. Et vous réalisez que tout le monde ne partage pas votre avis.

Voici une liste de lieux où vous avez, proportionnellement parlant, le plus de chance de subir le regard inquisiteur d'adultes allergiques aux enfants :

- **Dans un avion.** On peut d'ailleurs presque comprendre votre voisin de gauche qui, en s'installant, réalise qu'il va devoir cohabiter pendant 12 heures avec un bébé de 6 mois. N'hésitez pas à briser la glace dès le début, et à vous « excuser par avance pour la gêne occasionnée ».
- **Dans les trains.** Généralement, en carré, le type en face de vous vous lancera des regards accusateurs au moindre petit bruit émanant de la bouche de votre enfant. Le pire, c'est lorsque vous voyagez avec un enfant d'environ 2 ans, qui a la bougeotte, et ne connaît pas le bouton *mute*. Là, vous avez deux possibilités : soit vous culpabilisez tout le trajet, en essayant de contenir votre enfant. Soit, vous décidez que vous ne pouvez rien y faire. Votre enfant a besoin de bouger et a envie de parler au monde. Après tout, il a le droit, il a payé sa place comme tout le monde (enfin non, pour lui, c'est gratuit, mais il a quand même une place).
- **Dans les restaurants ou les bars.** Il faut voir la tête des serveurs (pas toujours, mais souvent) quand vous entrez dans un resto blindé, à l'heure du rush, et que vous demandez une table pour 2, avec une poussette en plus. Si cette tête est vraiment trop malveillante, n'hésitez pas à demander, avec une voix innocente, si c'est le bébé qui est responsable de cette mauvaise humeur. Généralement, ça calme. La personne se rendant compte que son comportement est inapproprié.
- **Dans les transports en commun.** Dans les bus, en heure de pointe, lorsqu'il est plein, vous allez rapidement susciter de la haine chez vos voisins à cause de la place prise par votre poussette. C'est pas grave, votre voisin s'en remettra.

À vous de continuer cette liste, maintenant !

-
-
-
-
-

Notez ici les réflexions désobligeantes entendues :

Votre nouveau rythme chronobiologique

Jusqu'à aujourd'hui, votre rythme, c'était quoi ?

Vous vous couchiez à minuit ou 1 h en semaine, après avoir regardé 7 épisodes de suite de *Casa de Papel*. Le matin, vous vous leviez au dernier moment. Le week-end, vous vous leviez à 11 heures le samedi, et 12 h 30 le dimanche ?

Évidemment les soirs de fête, vous étiez toujours le dernier couché. Aller au lit quand d'autres se lèvent, vous trouviez ça cool. Sans parler des siestes, que vous pouviez faire un peu quand bon vous semblait. Bonne nouvelle, fin de la récré, tout cela, c'est fini. Car votre métabolisme ne se remettra jamais des mois de sommeil que vous allez vivre. Votre légèreté nocturne est perdue, sachez-le. (Oui, l'auteur de ces lignes est peut-être un peu négatif sur ce sujet.)

Votre nouveau rythme chronobiologie va désormais, et pour les années à venir, ressembler à cela :

Réveil : jamais après 7 h 30. C'est comme ça, passé les grandes fluctuations des nuits des premiers mois, les enfants semblent être réglés pour se réveiller vers 7 h 12. Alors, c'est pas mal, 7 h 12, ce n'est pas inhumain. Mais quand vous vous êtes couchés à 2 heures du matin, ça pique. Durant les deux premières années, vous allez découvrir les joies du réveil entre 5 heures et 6 heures. Vous ne savez pas pourquoi, mais votre enfant va entrer, par moments, dans de longues périodes de plusieurs semaines où il ne dépassera pas les 6 heures.

Il n'y a pas que le sommeil qui change, mais aussi l'heure des repas. Dans votre vie d'avant, vous dîniez à quoi ? 21 heures/21 h 30 ? Là, comme vous allez certainement faire manger votre enfant entre 18 h 30 et 19 heures… voir sa purée de pomme de terre vous donnera faim. Du coup, vous allez dîner juste après lui. À 19 h 20, vous aurez fini votre dessert. **Rassurez-vous, vous n'êtes pas devenu vieux. Juste parent.**

Témoignage — Linda, 30 ans, maman de Lison, 3 ans, et Paul, 5 mois

Avant d'avoir des enfants, je n'ai jamais vraiment été une couche-tard. J'ai toujours eu besoin de beaucoup, beaucoup de sommeil. Malheureusement pour moi, Lison ne s'est, je crois, jamais réveillée après 7 heures du matin depuis sa naissance. Si quelqu'un m'avait dit que je deviendrais une lève-tôt malgré moi, je ne m'en serais jamais cru capable. Les premiers mois ont été durs, mais, et c'est le plus impressionnant, je me suis habituée, et je crois maintenant que je n'aimerais plus faire de grasse mat. Je profite autrement de mes journées, j'ai réalisé qu'il y avait une vie le dimanche matin, que j'étais plus active et plus productive aussi avant midi.

Vos grandes fiertés de papa

Ne soyez pas modeste, faites-vous plaisir :

-
-
-
-
-
-
-
-
-
-

Partie 4

Les grandes questions

Quelle mode de garde choisir ?

Dès le début de la grossesse, une question va vite venir vous hanter empêcher de dormir trotter dans la tête : qui va garder mon bébé ? Crèche, assistante maternelle, nounou à domicile, nounou partagée : les solutions proposées sont nombreuses. À vous de trouver celle qui vous convient le mieux, sachant qu'on n'a malheureusement pas toujours le choix.

Les crèches

Les avantages sont nombreux. La réglementation est stricte, l'environnement sécurisé, la nourriture contrôlée, le personnel formé. Sur le papier, c'est l'idéal. Ajoutez à cela la sociabilisation évidente pour vos enfants, ainsi que les nombreux projets pédagogiques (musique, peinture, chant, dessin, construction, cuisine, etc.) mis en place dans les crèches, et oui, ça ressemble à l'accueil parfait pour votre bébé.

Il y a néanmoins des côtés moins réjouissants, bien sûr. Tout d'abord, le nombre de places, très limité. Dans certaines villes, cela peut paraître mission impossible d'obtenir le Graal. Faire la demande au 6e mois de grossesse, aller « se vendre » auprès de l'adjointe en charge de la petite enfance à la mairie, essayer d'obtenir un rendez-vous avec la directrice de la crèche, relancer régulièrement tout ce beau monde, se montrer motivé, mais non insistant. Tout cela est stressant.

De plus, l'absence de souplesse dans les horaires peut également être problématique. 7 h 30, c'est 7 h 30. N'espérez pas déposer votre enfant à 7 h 20 si vous avez un rendez-vous professionnel exceptionnellement très matinal. Pareil pour le soir, si votre crèche ferme à 18 h 30, à vous de prendre toutes vos précautions pour ne jamais arriver avec 5 minutes de retard.

Dernier inconvénient : les virus. Les enfants prennent un malin plaisir à se les refiler, sans cesse. De la gastro en passant par l'angine jusqu'à la bronchiolite, votre enfant va tout connaître, rapidement. Les plus optimistes expliquent que ça aide à renforcer le système immunitaire. Peut-être. Mais au quotidien, c'est fatigant. Sans parler des poux...

Une nounou

L'avantage de la nounou, c'est qu'elle est tout l'inverse de la crèche. Prenez les inconvénients de celle-ci, dites-vous qu'ils n'existeront pas avec votre Mary Poppins.

Les virus sont infiniment moins nombreux. Pour obtenir une place chez votre nounou, pas de commission, de débat, de mail de relance et d'attente fébrile du courrier.

Un entretien, un deuxième. Le coup de cœur (espérons !), c'est parti.

Si vous avez vu Madame Doubtfire, vous vous souvenez des entretiens d'embauche passés au début du film. Ce n'est pas simple de trouver la bonne nounou, la perle rare.

Celle qui plaira aux parents, à l'enfant, qui sera disponible, pas trop loin de chez vous, etc.

Vous devez aussi accepter de faire confiance, ce qui n'est pas simple, à une personne que vous ne connaissez pas, et qui va s'occuper de ce qui est de plus précieux à vos yeux. Le stress pour vous risque d'être important. A vous de l'anticiper pour mieux le gérer.

Si vous êtes tendance « phobique administratif », salarier une nounou peut également devenir problématique. Contrat, Ursaaf, déclaration en ligne, vacances, heures supp', congés payés... C'est du boulot !

Une nounou partagée, à domicile ou au domicile ?

À vous de voir ce qui vous arrange. N'hésitez pas à aller vous renseigner, auprès de votre mairie, pour connaître la situation dans votre ville, le nombre d'assistantes maternelles, avoir leurs coordonnées, éventuellement le contact d'anciens parents les ayant employé, etc.

Et le prix ?

Il dépend du quotient familial des familles, du nombre de jours, du nombre d'heures, du type de structure, etc. Vous pouvez effectuer des simulations via le site de la CAF, qui vous permettra également de savoir à quel montant d'aide vous pouvez prétendre.

Notez pour vous les critères importants pour le mode de garde idéal :

On le laisse pleurer ou pas ?

Là, il faut être catégorique : la réponse est non. Enfin, pas besoin d'arriver en courant dans sa chambre au moindre petit sanglot, mais, globalement, considérer que « ça n'a jamais tué personne de pleurer avant de s'endormir » n'est pas sain. Si votre enfant pleure, c'est qu'il a un problème.

Sans vouloir être alarmant, une étude sérieuse et récente a révélé que les adultes dont les parents ne les laissaient pas ou peu pleurer enfant sont aujourd'hui bien moins anxieux que les autres. La conclusion de ces chercheurs est que plus un bébé aura de câlins et d'affection, plus il se sentira en sécurité, et plus il sera zen.

Votre job est donc de comprendre pourquoi votre enfant pleure. La partie qui suit devrait vous aider, si votre enfant est encore tout petit.

Lorsque votre enfant grandit, n'hésitez pas à lui demander de mettre des mots sur le pourquoi de ces pleurs. Parlez-en avec lui pendant la journée, mais pas trop. Il ne faut pas dramatiser la situation, lui mettre dans la tête que c'est un fait : quand il se couche, il pleure.

Si vous réussissez à dédramatiser le moment du coucher, vous aurez gagné la partie. Pour ce faire, rendez-vous au chapitre sur l'histoire du soir.

Témoignage Franck, papa de Simon, 5 ans

Quand Simon avait environ 1 an, il s'est mis à pleurer, presque du jour au lendemain, au moment du coucher. Il pleurait beaucoup, très fort, et était impossible à calmer. On a tout tenté, lui raconter des histoires, lui chanter des chansons, je m'étais installé un fauteuil dans sa chambre et essayais de m'y installer le temps qu'il s'endorme. Rien n'y faisait, il ne s'endormait que de fatigue, après plusieurs heures de lutte.

Au bout de quelques jours, on lui a enlevé les barreaux de son lit, en suivant les conseils d'une amie. Un simple matelas au sol. Cela a été le jour et la nuit, et 48 heures plus tard, nous pouvions dire que nous n'avions plus aucune difficulté pour l'endormir. J'ai appris par la suite que coucher un enfant sur un simple matelas, sans barreau, correspondait à la méthode Montessori. On a donc fait du Montessori sans le savoir. Et ça a très bien marché chez nous.

Mes astuces pour calmer bébé

Apprenez à décrypter les pleurs

Si, si, c'est possible ! Certains spécialistes, des chercheurs, payés pour chercher, en particulier aux États-Unis, se sont demandé combien de temps un bébé pleurait par jour.

Il faut évidemment considérer que chaque bébé est différent, qu'il y a des gros pleureurs, des petits pleureurs, et des tout petits pleureurs. Mais s'il fallait donner une moyenne, on tablerait sur : le bébé pleure en moyenne 2 heures par jour quand il a entre 15 jours et 2 mois. On estime qu'un nouveau-né sur 4 pleure plus de 3 heures par jour.

Pour autant, ces pleurs ne traduisent pas tous la même chose. N'oubliez pas que pleurer, à cet âge, est son seul moyen de communication. Nous nous concentrerons uniquement sur les pleurs des trois premiers mois.

- **Nèh** : « *J'ai faim !* »

  Ce son viendrait d'un réflexe de succion (il a faim, il veut téter) où sa langue va se coller sur le palais.

- **Èh** : « *J'ai un rot bloqué.* »

  Comme de l'air se bloque au niveau du système digestif du bébé, ses muscles se contractent pour l'expulser, d'où ce petit son, appelé « le réflexe d'éructation ».

- **Aoh** : « *J'ai sommeil.* ». *Alternative :* « *Je suis crevé.* »

  Ce bruit viendrait du bâillement du bébé. La bouche se positionne en O et la langue s'étale sur le bas de la bouche, provoquant l'abaissement du larynx.

Pour en savoir plus, foncez voir les tutos de Priscilla Dunstan sur le site *Magic Maman*, qui a réalisé une enquête sur le sujet.

Vers 8 mois : l'angoisse de la séparation

C'est une étape normale de son développement, où il va intégrer le fait qu'il est une personne à part entière, bien distincte de ses parents. Et aussi où il va commencer à bien différencier ses proches (famille, amis de la famille) des inconnus.

On estime qu'à cette période, le bébé va avoir peur de l'abandon. Bref, il est angoissé et va donc beaucoup pleurer. Pour l'aider durant cette période, confiez-le souvent à quelqu'un. Ne montrez pas, en le laissant à la crèche par exemple, que vous culpabilisez. Ayez l'air sûr de vous, dites-lui un « au revoir » franc et assumé. Et filez d'une traite. Le pire pour lui est de voir ses parents revenir 4 fois de suite lui faire « un dernier bisou », il comprendra que vous angoissez, et angoissera encore plus.

Pour ou contre la fessée ?

Une fois encore, parler de ce sujet déchaîne bien souvent les passions. Combien de fois entendrez-vous dire, à ce propos : « Quand j'étais petit, j'ai reçu pas mal de fessées, quelques claques, et je n'en suis pas mort. » Certes.

Pour autant, une violence peut-elle être éducative, selon vous ? Donner une fessée à un enfant ne serait-il surtout pas un moyen pour le parent de se défouler ? Et se défouler sur son enfant peut-il être une belle idée ? La réponse est évidemment dans la question. Non, dans aucun cas, pour aucune raison il devient justifiable de frapper son enfant.

Déjà car, en le faisant, le parent inscrit dans la tête de son enfant que la violence peut être un moyen pour obtenir quelque chose. Si demain, il frappe son camarade d'école car celui-ci ne veut pas jouer avec lui, comment lui en vouloir ? Il reproduira uniquement ce que le parent lui a fait subir.

Par ailleurs, alors qu'il est convenu qu'on ne peut pas frapper sur sa femme ou son mari, sur son collègue ou son voisin, sur son patron ou sur le buraliste, qu'est ce qui justifierait de pouvoir le faire sur l'être le plus fragile au monde qu'est un enfant ?

Enfin, deux études majeures, publiées dans les revues internationales *Pediatrics* et *CMJA*, ont attribué aux punitions corporelles 6 à 12 % des troubles psychiatriques dans la population générale. Ce qui est énorme. La psychiatre Muriel Salmona, grande spécialiste de la question, précise même : « Ces violences entraînent une sidération qui paralyse l'enfant, une mémoire traumatique qui lui fait revivre les violences et une dissociation traumatique qui l'anesthésie émotionnellement. »

Le traumatisme généré par des fessées est donc important, même si évidemment le parent ne réalise pas sur le coup (si l'on peut dire). Il faut réussir à s'imposer de ne JAMAIS lever la main sur son enfant.

Conseil Temporiser si besoin

Quand vous n'en pouvez plus, que vous êtes crevé ou énervé, la règle de base, c'est de poser votre bébé dans son lit. Vous vous assurez qu'il est en sécurité, et vous quittez la chambre, pour souffler un peu. N'hésitez pas à demander de l'aide. Tout le monde est passé par là, personne ne vous jugera.

Quelques astuces pour rester zen :

- Pratiquer du sport. Un footing de temps en temps, rien de tel.
- Ne pas hésiter à demander des conseils. Aux proches, c'est bien, aux professionnels, c'est mieux. Le pédiatre, le médecin, la puéricultrice, à la PMI... Vous avez le choix.
- Essayer des exercices de respiration ou de méditation. Travailler sur sa respiration, prendre quelques minutes, de temps en temps, pour inspirer et expirer en profondeur, ça paraît bête, mais les bénéfices sont énormes. La base pour atteindre la zénitude. Vous pouvez également télécharger des applications pour vous initier à la méditation par exemple. Essayez, vous verrez si cela vous aide !

Vos astuces pour rester un modèle de zénitude en toutes circonstances :

-
-
-
-
-

Alors, ces vaccins ?

Depuis le début de l'année 2018, 11 vaccins sont désormais obligatoires pour les enfants nés, donc, à partir de cette date. Concrètement, ceux qui ne seront pas vaccinés ne pourront pas intégrer de collectivité, que ce soit une crèche ou une école.

Ces onze vaccins sont ceux contre la diphtérie, le tétanos, la poliomyélite, la coqueluche, l'Haemophilus influenzae b, l'hépatite B, le méningocoque C, le pneumocoque, la rougeole, les oreillons et la rubéole.

Il suffit de dire le mot « vaccin » pour susciter un vif débat, généralement pas vraiment apaisé. Combien de fois m'a-t-on déjà reproché, sur les réseaux sociaux, d'être un porte-parole richement payé par des laboratoires pharmaceutiques ? Alors, sans vous donner mon avis, que vous pouvez néanmoins deviner, quelques chiffres :

La diphtérie a causé la mort de plus de 3 000 personnes en 1945. Aujourd'hui, alors que la proportion d'enfants de 2 ans vaccinés est supérieure à 98 %, cette maladie a pratiquement disparu.

La poliomyélite a disparu de France depuis 1989. Son taux de vaccination est, là aussi, supérieur à 98 %. On estime que cette maladie a causé la mort de plus de 2 000 personnes entre 1948 et 1958 (année où la vaccination a été rendue obligatoire.)

La rougeole fait son grand retour. Alors que son taux de vaccination ne dépasse pas les 80 % dans notre pays, 43 000 cas ont été déclarés depuis 2008. Conséquences : 600 hospitalisations, 1 500 pneumopathies, 31 encéphalites, et au moins 10 décès. Cette maladie avait pourtant pratiquement disparu au début des années 2000. Pour éviter une nouvelle épidémie, on estime que le taux de couverture vaccinal devrait être d'au moins 95 %. D'où cette obligation.

Source : Santé publique France.

Pense-bête (mais tellement important)

Samu : 15

Pompiers : 18

Pédiatre ou médecin : ....

3237 : pour connaître la pharmacie ouverte la plus proche de chez vous

Centre antipoison : .... (numéro différent en fonction de votre région)

L'angoisse des perturbateurs endocriniens

Un perturbateur endocrinien, c'est quoi ? Il s'agit d'un agent chimique qui peut interférer dans le système hormonal d'un organisme. Les hormones régulent le développement de notre corps, que ce soit la croissance, le sommeil ou encore la puberté.

Qui doit être le plus préservé ?

Dans quatre périodes de la vie, les perturbateurs endocriniens sont particulièrement à redouter : pendant une grossesse, durant l'enfance, durant l'adolescence, et chez les fœtus. L'an dernier, l'association UFC-Que Choisir a analysé les cheveux de centaines d'enfants, âgés de moins de 15 ans. Le résultat était très, très inquiétant : en moyenne, ils ont trouvé 34 molécules dites polluantes par enfant. Ce qui est particulièrement redouté, c'est l'effet cocktail : que ces polluants, entre eux, aient un effet particulièrement toxique pour nos enfants.

Où trouve-t-on ces perturbateurs ?

À peu près partout. Dans les cosmétiques, l'ameublement, l'alimentation, l'électroménager, etc.

L'exemple de la puberté : Des chefs de service d'endocrinologie parlent, ces dernières années, d'épidémie de puberté précoce. Concrètement, ça veut dire qu'ils se retrouvent face à des petites filles de 7 ou 8 ans avec des poils pubiens ou une poitrine qui se développe. Flippant.

Heureusement, il est possible d'adopter un comportement pour, non pas empêcher toute forme de contact avec des perturbateurs (ce serait impossible), mais pour les éviter un maximum :

- Huiles et crèmes pour votre enfant : privilégiez le bio ou les huiles végétales (huile de karité, d'argan...).
- Faites votre propre liniment pour nettoyer les fesses de votre bébé. Il existe tout un tas de tuto sur le Web, ça prend 5 minutes, et c'est économique.
- Pour la toilette de votre enfant, laissez tomber les gels douche et autres shampoings. Revenez à du très basique : gant de toilette, eau tiède et savon (de Marseille, par exemple). Votre enfant sera tout aussi propre, soyez sans crainte.
- Chez vous, pensez à aérer, tous les jours, votre intérieur, et en particulier la chambre de votre bébé.
- Lorsque vous achetez un jouet ou autre en plastique, avant de le confier à votre enfant, rincez-le à l'eau.
- Les biberons, privilégiez-les en verre, les tétines, en silicone ou en latex naturel.

Une appli pour faire le tri

Téléchargez l'une des applications (Officinea, Clean Beauty, Skin Deep, etc.) qui analyse un produit avant que vous ne l'achetiez. Il vous suffit de scanner, avec votre téléphone, le code-barres. L'appli vous dira si ce produit contient des polluants, si oui lesquels, et quelle marque vous pourriez privilégier pour ne pas acheter ce produit.

Les petits maux de bébé

Oui, en devenant Papa, vous allez par moments avoir l'impression de devenir pédiatre. Entre les bronchiolites, la gastro, le rhume, les otites ou les angines, votre enfant va pouvoir prendre sa carte de fidélité chez le médecin. Et vous, vous allez devoir vous transformer en assistant médical. Voici les choses à savoir pour bien donner un médicament.

La base, c'est qu'on ne fait pas d'automédication. On ne donne pas de médicament sans prescription. Et on ne conserve pas de médicaments ouverts.

Pour donner un médicament, le meilleur moyen, c'est d'utiliser la pipette fournie. S'il n'y en a pas, ce sera à la cuillère. La pipette ne doit en aucun cas être enfoncée au fond de la gorge. Déposez-la délicatement au coin des lèvres, orientée vers l'intérieur de la joue. Appuyez doucement, par léger à-coup.

Team Doliprane

Le Doliprane deviendra à de nombreuses reprises votre meilleur ami. Il vous faudra toujours au moins un flacon d'avance dans votre armoire à pharmacie. À noter également qu'on ne donne pas systématiquement du Doliprane à son enfant lorsqu'il a de la fièvre. À vous d'en discuter avec le médecin.

Les gouttes dans le nez

La technique est globalement la même que pour lui nettoyer le nez. Or, vous n'allez pas pouvoir y échapper, ça va même sans aucun doute devenir votre routine. Et sans doute votre enfant, demain, ne bronchera même plus quand vous lui nettoierez le nez.

Basculez légèrement votre bébé d'un côté, et déposez délicatement quelques gouttes (que ce soit du sérum pour me nettoyer, ou des gouttes prescrites par votre médecin). Dès que c'est fait, vous allez changer de côté votre bébé, pour que la goutte bascule dans l'autre narine. Faites la même chose de l'autre côté, et le tour est joué.

Attention à ne surtout pas enfoncer l'embout dans la narine, ça pourrait lui faire mal, voire le faire saigner (si jamais ça arrive, rassurez-vous, vous n'êtes pas le premier !).

Les gouttes dans les yeux

Bon, votre enfant ne va pas aimer. Vous non plus. Il vous faut une compresse stérile, du sérum physiologique. Vous allez déposer une ou deux petites gouttes dans le coin de l'œil (coté nez, le coin interne) et nettoyer avec la compresse en allant de l'intérieur vers l'extérieur. Un seul passage, et on change de compresse en changeant d'œil.

Si votre enfant déteste le goût du médicament, n'hésitez pas, si ce n'est pas contre-indiqué dans la notice, à mettre la boîte au frigo avant de lui donner. Plus le médicament est froid, moins son goût sera prononcé.

Un suppo et au lit !

Vous vous souvenez, quand vous étiez petit, le grand bonheur du suppositoire… Bon, et bien votre enfant non plus ne pourra pas y échapper. Pour l'introduire, vous devez allonger votre enfant sur le dos, soulevez ses jambes et mettre le suppositoire par le bout carré. Et non, comme nous sommes nombreux à croire, par le bout arrondi. Il risquera moins d'être expulsé.

Une fois le suppo ayant atteint sa cible, baissez les jambes et fermez les fesses. Bravo, vous avez réussi.

Et après :

Et… soyez cool, votre enfant est malade, il vient de prendre un médicament, pas forcément bon, dans une position pas forcément agréable pour lui. Après le médicament, pourquoi pas faire une petite exception à votre règle et autoriser votre enfant à dormir avec vous ?

Certains vous diront que ce n'est pas bon, que vous allez choper le virus, que vous allez habituer votre petit à dormir avec vous : ce n'est pas grave, laissez les parler. Votre enfant verra au moins une chose positive dans le fait d'être malade.

Notez ici tous les petits virus attrapés par votre enfant, avec la date :

-
-
-
-
-
-

Les grandes étapes du développement de votre enfant

Chaque jour ou presque, vous allez constater les progrès de votre bébé. Son premier sourire, son premier « areuh... », sa première purée, son premier quatre-pattes, son premier mot, son premier pipi dans le pot, etc.

La vie d'un enfant est rythmée par ces grandes étapes qu'il va franchir, à son rythme bien évidemment, mais dont voici quelques repères :

Avant 3 mois, le bébé explore le monde par le regard. Il tourne la tête de gauche à droite, vous suit du coin de l'œil. Il commence à sourire et, si vous avez de la chance, il peut vous offrir ses premiers éclats de rire.

À partir de 3 mois, il commence à jouer avec ses mains et réussit à mieux stabiliser ses mouvements. Il commence à gazouiller, à émettre des petits bruits de satisfactions. Il commence à reconnaître les personnes qui l'entourent. Il commence aussi le grand examen de ses doigts, de ses orteils...

À partir de 6 mois, il découvre les joies de manger ses pieds. Les spécialistes parlent de la découverte, pour lui, de sa « finitude physique », où il va réussir à déterminer la partie la plus éloignée de son corps. C'est vers cet âge qu'il commence souvent à se retourner sur le dos et sur le ventre.

Votre bébé commence également à cogner, avec répétition, des objets contre la table, sa chaise haute ou le sol. Vos oreilles vont A-DO-RER. C'est aussi vers 6 mois qu'il va commencer à vouloir imiter certaines expressions.

Avant 9 mois, il commence à s'asseoir plus longuement. Il se sent bien dans cette position. Il imite les gestes et fait « au revoir », par exemple.

Entre 10 et 12 mois, il commence à tenir debout. Puis à avancer, en se tenant aux meubles. Certains, plus précoces que d'autres, vont effectuer leurs premiers pas, seuls, comme des grands.

Comment favoriser la marche ?

Si à 12 ou 14 mois votre enfant ne marche pas : pas d'inquiétude. Le Dr Alain de Broca, neuropédiatre, conseille de ne pas porter systématiquement votre enfant. Plus vous lui laisserez la possibilité de se mouvoir seul, plus il progressera. Chez vous, il faut qu'il fasse un maximum de « trajet » seul. Qu'il explore le monde à son rythme, et qu'il comprenne. Par ailleurs, plus il sera en contact avec des enfants qui marchent, plus il voudra les imiter.

Il va aussi devenir, à cet âge, un petit clown, qui va répéter les sons ou gestes qui vous ont fait rire.

De 12 à 18 mois, c'est le temps de l'exploration. Exploration du monde, de la parole, de nouveaux aliments.

À partir de 16 mois : chouette alors, c'est le début de la période du « non ». Tu veux manger ? Non. Tu viens de coucher. Non. On change la couche. Non. Tu veux une histoire. Non. Tu aimes ton Papa. Non ? Période très sympa.

Rassurez-vous en vous disant 3 choses :

1/ Ça passe. Votre enfant ne va pas éternellement dire non à tout. À ce qui parait, ça revient vers 14/15 ans.

2/ C'est bon signe. Cela veut dire que naît en lui le « moi » autonome. Sa personnalité, indépendante de celle de ses parents, est en train de naître.

3/ 100 % des parents du monde sont passés par la période que vous vivez actuellement.

Pour en savoir plus, vous pouvez lire *Mon enfant s'épanouit*, du Dr Alain de Broca (éditions Horay).

Et la propreté, alors ?

C'est, après la marche, la deuxième grande étape du développement d'un enfant. Avant 18 mois, n'espérez pas rendre votre enfant propre. On estime que c'est impossible, en raison d'absence de maturation neurologique.

À partir de 18 mois, vous pouvez commencer à proposer à votre enfant de tester le pot. Expliquez-lui, une fois, les yeux dans les yeux, que s'il préfère aller sur le pot, plutôt que de se faire dessus (c'est factuellement le cas), c'est mieux. Mais qu'après, c'est lui qui voit.

Avant le bain, il peut aussi s'y installer quelques minutes, avec un petit livre par exemple. Si vous le sentez peu réceptif à cette idée de propreté, n'insistez pas. Ça va venir.

Mon conseil : n'en faites pas trop un sujet de discussion, cela pourrait lui sembler stressant.

L'évolution de mon enfant, mois après mois

À vous de bosser ! Chaque mois, prenez 3 minutes pour noter les évolutions, les progrès, ce qui vous marque chez votre bébé. Vous allez ainsi pouvoir remarquer à quel point, ces premiers mois passent vite. Et puis un beau jour, vous allez lui lire tout cela. Il sera fier de lui, faites-moi confiance.

1er mois :

2e mois :

3e mois :

Entre 3 et 6 mois :

Entre 6 et 9 mois :

Entre 9 mois et 1 an :

Entre 12 et 18 mois :

Entre 18 mois et 24 mois :

Entre 24 mois et 2 ans et demi :

Entre 2 ans et demi et 3 ans :

Le sevrage

Si la maman a allaité, le passage du sein au biberon sera une étape importante. Comment le réussir au mieux ?

Le conseil de base, donné par les spécialistes en lactation, c'est que plus le bébé sentira sa maman (et son papa) zen pour cette phase importante de sa vie, plus ce sevrage se passera bien.

Votre mission, cher Super Papa, si vous l'acceptez, est donc d'en savoir le plus possible sur le sujet, pour réussir à répondre aux questions de la maman, et pour l'aider à ne pas (trop) stresser.

En premier lieu, vous devez expliquer ce qui se passe à votre enfant. Depuis l'apport de Françoise Dolto, on sait que, plus on parle au bébé, mieux il comprend les choses.

Astuce Les premiers biberons

Pourquoi ne pas commencer par un biberon de lait maternel ? La différence pour lui sera bien moins importante, il aura « juste » à s'habituer à cette drôle de tétine. Dans l'idéal, il faut chauffer le biberon pour qu'il soit à peu près à la même température que le lait de la maman (37 °C)

Pour « dédramatiser » la chose, n'hésitez pas à donner au préalable un biberon vide à votre enfant pour qu'il s'approprie l'objet et qu'il joue avec. Qu'il en fasse son ami sympa, peu bavard certes, mais sur qui on peut compter en cas de fringale !

Les biberons

Notez ici comment se passe le sevrage.

La diversification alimentaire

Généralement, cette diversification intervient entre le 4e et le 6e mois de votre bébé, de manière très progressive.

Pourquoi la commencer si tôt : les spécialistes expliquent qu'introduire des allergènes potentiels au fur et à mesure favorise la tolérance alimentaire. Par ailleurs, votre enfant va très vite adorer ces petites purées.

Les premières semaines, ne stressez surtout pas si votre enfant ne mange qu'une demi-cuillerée par ci, une demi par là. Dans tous les cas, le bébé, jusqu'à l'âge d'un an, a toujours besoin d'un minimum de 500 ml de lait par jour.

On commence par quel aliment ?

Je vous conseille fortement de commencer par une compote sucrée, de pomme ou de poire, par exemple. Puis viendront les purées salées (carotte, courgette ou haricot vert). Ces aliments, au goût assez doux, plairont sans doute à votre enfant.

Au début, oubliez les artichauts, le céleri, les navets, les poireaux ou les salsifis. Ces produits provoquent une accumulation de gaz. Votre bébé pourrait mal les digérer.

Dans tous les cas, n'hésitez pas à prendre conseil, et à demander des idées de recette, par exemple en PMI.

Comment faire ?

Cuisez les légumes à la vapeur dans l'idéal, et sans ajout de sel ou de matière grasse. Mixez-les ensuite et servez tiède.

Vos premières purées

Notez ici vos premières grandes créations culinaires... et surtout, notez si votre enfant les a aimées.

Doit-on vraiment laver son bébé tous les jours ?

La question peut paraître bizarre. Lorsque vous et moi étions petits, cette question aurait même pu paraître déplacée, voire « crado ». Aujourd'hui, la plupart des spécialistes (c'est tout récent) s'accorde pour dire que donner un bain à un nouveau-né plus de trois fois par semaine est excessif. La raison invoquée par les professionnels de l'American Academic of Pediatrics qui font référence : la peau des bébés est trop délicate pour supporter un bain quotidien. Celle-ci pourrait s'irriter, sans parler des réactions allergiques.

Il est beau mon lavabo

Pour les tout premiers bains de votre bébé, je vous conseille fortement de les lui donner dans votre lavabo. Évidemment, il faut avoir un lavabo assez grand, mais la taille correspond généralement. Ce sera beaucoup moins stressant pour vous, car il y aura moins d'eau autour de votre bébé. Lui sera également rassuré de se sentir plus proche des bords du lavabo qu'il ne le serait dans une baignoire de bébé, forcément plus large.

Très vite, votre enfant deviendra trop grand pour le lavabo, mais d'ici là, vous vous sentirez déjà plus à l'aise avec le bain.

Pour les jours où vous ne lui donnerez pas de bain, un petit « rincage » avec un gant de toilette humide, et tiède, suffit donc amplement.

Dans leurs recommandations, ces pédiatres américains précisent la marche à suivre :

« Utilisez un linge humide, sans savon pour laver son visage. À aucun moment il ne faut mettre du savon dans les yeux ou la bouche de votre bébé. Trempez l'éponge dans une bassine d'eau savonneuse avant de laver le reste de son corps et, enfin, la zone de la couche. N'oubliez pas de porter une attention particulière aux plis sous les bras, derrière les oreilles et autour. »

Comment réagir en cas de colère ?

Là aussi, il y a la théorie, et la pratique. En pratique, si vous êtes fatigué, si vous avez eu une grosse journée, si votre patron vous saoule ou si vous voulez juste aller vous coucher, vous aurez sans doute du mal, comme tous les parents du monde, à garder votre calme pendant la colère de votre enfant.

Pourtant, il paraît aujourd'hui assez évident que le meilleur moyen, pour aider son enfant et pour le calmer pendant une crise, c'est de l'accompagner dans sa colère. L'aider à la surmonter.

Voici quelques phrases conseillées par des psys pour apaiser les enfants pendant une colère. J'ai moi-même conscience du ridicule que cela peut représenter de dire ceci à son enfant, pendant qu'il se roule par terre à la caisse du supermarché. Mais, vous, vous pourriez lui dire ceci ? C'est pour son bien, on vous dit :

Barrez les phrases qui sont au-dessus de vos forces.

« Viens dans mes bras mon chéri, ça va aller » (parfait pour le calmer).

« Je comprends que tu sois énervé » (pour légitimer son énervement).

« STOP » (mieux que « non »).

« À ta place, je ne le ferais pas car *(lui faire penser à autre chose)*... »

« Tu as le droit d'être en colère, mais je sais que ça va passer... »

À vous de remplir avec vos phrases magiques !

La pédagogie Montessori, c'est quoi ?

Vous en avez forcément déjà entendu parler. Vous avez forcément déjà vu un « objet Montessori » en vente ici et là. Mais au fait, de quoi on parle ? Qui est cette fameuse Maria Montessori qui, nous dit-on, savait tout de l'éducation idéale il y a un siècle ?

Maria Montessori (1870-1952) est avant tout un médecin. L'une des toutes premières femmes médecins Italiennes. Elle est mondialement connue pour avoir théorisé la pédagogie qui porte son nom.

La pédagogie Montessori est avant tout une philosophie, basée sur le respect de la personnalité de l'enfant. Le bébé n'est pas un légume, mais une personnalité à part entière, dès le premier jour, et même in utero. Maria Montessori, dans son livre référence *L'Enfant*, écrit :

« Nous ne comprenons pas le nouveau-né ; pour nous, il n'est pas un homme. Quand il arrive au monde, nous ne savons pas le recevoir, bien que le monde que nous avons créé lui soit destiné, pour qu'il prenne la relève et l'élève vers un progrès supérieur au nôtre. »

Tout est dit. Nous cherchons tous à être le meilleur parent pour notre enfant. Commençons par le considérer comme un être à part entière.

Pour Maria Montessori, l'éducation commence dès la naissance. Et le rôle des parents n'est pas de « construire l'enfant », mais de lui offrir la possibilité de se construire lui-même.

Exemple concret : votre enfant de 24 mois a très envie d'aller monter et descendre les escaliers lui-même. Forcément vous, vous allez tout faire pour l'en empêcher. Mettre une barrière. Le disputer s'il s'y rend. Mettre la poussette devant les premières marches, etc. **On a tout faux.** Selon Maria Montessori, on va devoir, tout en accompagnant un maximum notre enfant, tout faire pour qu'il s'approprie un maximum les lieux, les escaliers. Et qu'il comprenne par lui-même comment on les monte, comment on les descend, pourquoi c'est dangereux, etc. Le tout, à son rythme.

Aider votre enfant à apprivoiser un lieu, plutôt que de l'empêcher pour le préserver. C'est l'exemple qui illustre le mieux, selon moi, cette pédagogie.

Évidemment, on ne laisse pas l'enfant seul en haut des marches, on reste à chaque instant à ses côtés. Il n'apprendra pas s'il dévale les marches tête la première. On parle d'accompagnement : « Tu découvres, je suis là en soutien. »

Ceci est valable pour tout. L'idée est de faire confiance à son enfant. Et de l'aider à apprendre seul.

Pour en savoir plus, n'hésitez pas à lire *L'Enfant*, de Maria Montessori, aux éditions Desclée de Brouwer.

Je publie des photos de lui, ou pas ?

Pour vous aider à répondre, imaginez que Facebook, Instagram, Twitter et compagnie existaient lors de votre naissance. Est-ce que ça vous plairait de savoir que sont toujours présentes sur le Net des photos de vous bébé, en couche, sur le pot, avec de la purée plein le visage, en pleine colère, en dormant, etc. ?

Non, évidemment, ça ne vous plairait pas. Par ailleurs, publier des photos de son bébé l'expose, bien trop, au regard pas toujours bienveillant des « amis » virtuels. Vous publiez la photo plein d'amour, vous ne savez pas quel commentaire feront de cette photo vos deux vagues collègues qui sont vos amis Facebook.

Gardez bien en tête que les réseaux sociaux sont le temps de la médisance. Préservez vos enfants de cela, ils auront bien assez le temps de s'y mettre par eux-memes.

Témoignage — Anna, 42 ans, maman d'Angèle, 13 ans

Quand ma fille avait environ 18 mois, j'ai publié une vidéo d'elle barbotant, en maillot de bain, dans une petite pataugeoire. L'idée était d'envoyer cette vidéo à ma famille. Quelques mois plus tard, je retombe sur cette vidéo, et je découvre qu'elle en est à plusieurs dizaines de milliers de vues. Je comprends rapidement que le lien s'est échangé sur un site pédopornographique, ce qui m'a glacé le sang. Plus j'entreprenais de démarche pour supprimer la vidéo, plus vite elle réapparaissait sous un autre nom.

Comment donner des nouvelles à vos proches ?

on, mon premier conseil, c'est de ne pas bmerger vos amis et votre famille des otos de vos bébés. Une de temps en temps, c'est ien, 10 par jour pendant un an, c'est trop.

'hésitez pas à créer un groupe de discussion avec votre famille par exemple, que ce soit sur Messenger, WhatsApp ou autre, pour faire circuler au mieux ces photos et vidéos, et permettre à chacun de commenter.

Un journal familial en version papier

Si, dans votre famille, il y a des allergiques aux nouvelles technologies, ou pour les personnes les plus âgées, je recommande le service de Familéo. Il s'agit d'un journal familial destiné aux grands-parents. En clair, vous prenez des photos avec votre téléphone, vous écrivez un message par ci, un commentaire par là. Vous mettez le tout sur le site, et hop, ça envoie le tout sous forme de journal papier. Simple, efficace et merveilleux pour préserver les fameux liens intergénérationnels.

Les écrans, à partir de quel âge ?

À cette question, il y a l'idéal, et la vraie vie.

L'idéal a été déterminé par le psychiatre Serge Tisseron. **La règle des 3-6-9-12.**

Facile à retenir :

- **Avant 3 ans, pas d'écran.** À cet âge, l'enfant a besoin d'interaction, de construire des repères spatiaux et temporels. Ce qui est impossible à réaliser devant un écran.
- **Entre 3 et 6 ans, on limite l'exposition aux écrans,** et lorsqu'il est devant, on partage avec lui sur ce qu'il voit, on échange à ce propos.
- **Entre 6 et 9 ans, on lui explique le principe d'Internet,** sans pour autant jamais le laisser seul devant Google.
- **Entre 9 et 12 ans, on lui apprend à se « défendre » sur Internet.** À protéger ses échanges, à se méfier. Bref, on le forme.
- **Après 12 ans, restez disponible pour lui.** Pas sûr qu'il soit de bon ton de le laisser seul regarder *Game of Thrones* le jour de ses 12 ans.

Voilà pour l'idéal.

Après cela, il y a donc la vraie vie.

Sans doute est-il possible, sans mettre en péril son évolution, de regarder avec lui, de manière exceptionnelle, des dessins animés adaptés, et courts, dès 2 ans. Un petit *Âne Trotro* le dimanche matin, ou *Peppa Pig*, c'est frais, 100 % bienveillant, et si vous n'en abusez pas, il n'y a, *a priori*, aucun risque.

Et donc, on regarde quoi ? (dès 3 ans)

Ce n'est pas un mythe, en devenant parent, on est soi-même régulièrement replongé dans des souvenirs d'enfance. Plus ou moins heureux d'ailleurs. Certaines scènes de votre enfance vont ressurgir, et en particulier des films qui ont pu vous marquer, et que vous allez pouvoir faire découvrir à vos enfants. Bien souvent, vous allez aussi les redécouvrir par cette occasion. Voici quelques pépites à revoir avec votre enfant. Si, par hasard, vous êtes passé à côté de ces œuvres, posez tout de suite une RTT, achetez des pop-corn, et bon kif à vous.

Aladdin : Entre nous, c'est – de loin – le meilleur Disney, non ?

Robin des bois : Parfait pour lui inculquer des valeurs de gauche (si vous êtes de gauche, hein).

Il était une fois la vie : Vous vous souvenez ? Les petits gugusses qui représentent les globules rouges et qui vous expliquent le fonctionnement du corps humain ? Bonne nouvelle, ils n'ont pas vieilli, surtout qu'ils viennent de ressortir en DVD remastérisé. À voir (même pour vous, un petit rappel de sciences ne fait pas de mal).

Mon voisin Totoro et ***Ponyo sur la falaise*** : réalisés par le japonais Miyazaki, deux véritables chefs-d'œuvre.

La Reine des Neiges : Pour vous, ce sera une torture. La musique va s'ancrer dans votre tête, vous hallucinerez devant le manichéisme de l'histoire mais, allez savoir pourquoi, votre enfant deviendra fan (ou amoureux) d'Elsa.

Des classiques à éviter

Je déconseille de le mettre trop tôt devant *Le Roi Lion* (la mort de Mufasa, salaud de Scar), *Bambi* (merci pour le traumatisme) ou encore *Blanche Neige et les 7 nains* (une femme, toute contente de faire les repas et le ménage pendant que ses mecs bossent, c'est un idéal à transmettre à votre enfant ?)

Mes dessins animés préférés :

Et plus tard ?

Quand vos enfants vont grandir, vous allez prendre encore plus de plaisir qu'eux en redécouvrant des chefs-d'œuvre.

À partir de 4 ans, avec une scène qui fait peur, au début.

E.T. l'extraterrestre. Encore Spielberg. Faut-il rappeler le synopsis ? E.T. téléphone maison, le vélo qui vole, Drew Barrymore enfant, tout ça. L'occasion, si vous aimez intellectualiser les films, de parler avec vos enfants d'accueil de l'étranger et de la peur de la différence.

À partir de 5 ans

Maman j'ai raté l'avion, 1 et 2. Bon, le problème, c'est que vos enfants, après ce film, ne jureront plus que par le prénom Kévin, et trouveront Donald Trump finalement assez cool (il a un minirôle dans le 2). Pour le reste, ils vont se marrer, vous aussi (et vous réaliserez que les McCallister sont quand même blindés aux as, pour emmener les 42 personnes de la famille en vacances à chaque fois, en avion, et en première pour les parents).

À partir de 6 ans

Les *Goonies*, de Richard Donner (scénario de Steven Spielberg). Le *must*. L'histoire d'une bande de gamins, qui s'ennuie un peu dans une petite ville paumée des États-Unis. Ils trouvent un beau jour une carte au trésor. C'est parti pour la grande aventure. Exceptionnel. Ou on découvre aussi qu'en 1985, on s'emmerdait moins à écrémer les films pour enfants d'insultes et autres gros mots.

À partir de 6 ans. En cachant ses yeux sur certaines scènes.

Star Wars. Je dois concéder le fait d'avoir attendu l'été 2017 pour découvrir la saga. Que j'ai vue avec ma fille. L'occasion de parler du bien et du mal, du côté obscur et de la coupe de cheveux de Leia, de pourquoi vous avez moins la classe que Luke (ça se discute). Valeur sûre, mais fallait-il le rappeler ?

Shining, de Stanley Kubrick. Noooooon... ça va, je déconne.

Mes films cultes

Vous avez quelques films cultes à faire découvrir à vos enfants... qui n'ont pas encore l'âge ! Inscrivez les ici :

-
-
-
-
-
-

Devez-vous vraiment écouter les conseils des proches ?

Vous venez de devenir papa et, ô surprise, le moindre gugusse que vous allez croiser ces prochains jours se sentira comme obligé de vous expliquer comment vous devriez faire avec votre enfant et, c'est souvent sous-entendu, pourquoi vous faites mal.

Il y a une règle que j'ai faite mienne, et que je vous offre, à titre gracieux. Enfin, gracieux, on se comprend, ce livre n'est pas gratuit. Mais pas hypercher non plus. Bref, je m'égare.

Cette règle, c'est : les conseils que te donnent tes proches, tu les prends, tu les roules en boule, et hop, 3 points de Mickael Jordan, les Bulls champions NBA.

Car, d'une part, ce qui a marché avec un enfant ne marchera pas forcément avec le tien. D'autre part, le brave gars qui te livre ce conseil le fera en fantasmant la réelle manière dont lui, à l'époque, avait géré le problème dont il est question. Le pire étant (c'est pas bien ce que je vais vous dire, mais c'est pas grave, l'idée est de se dire les choses) les conseils des vieux. Mais genre, vraiment vieux. Ce qui ont élevé leurs enfants au lendemain de la guerre, où on prenait un bain par semaine et « on n'en mourrait pas pour autant ». Bah non, on n'en mourait pas (et encore...), mais qu'est-ce qu'ils puaient, vos gosses.

Les pires sonseils que vous avez reçus

Restez courtois, écoutez calmement les conseils avec, dans un coin de votre tête, l'image de Jordan.

Devez-vous négocier avec vos enfants ?

Vous allez forcément rencontrer des gens qui vont vous dire : « De toute façon, le secret, avec les gosses, c'est de ne jamais négocier. Il faut se faire respecter. » Sans doute cette méthode était-elle très à la mode dans les années 1960, en particulier dans les internats non mixtes. Aujourd'hui, les choses ont changé.

C'est sûr, ce n'est pas simple de réussir une négociation avec des enfants. La preuve, le livre de Laurent Combalbert, *Devenez meilleur négociateur que vos enfants*. Son CV crédibilise le bonhomme : il a été pendant 15 ans négociateur au RAID, formé au FBI. A négocié avec les pires malfrats possible. Son propos est de dire qu'il est bien plus compliqué pour lui de négocier avec ses enfants... qu'avec ces gens-là !

La raison : l'affect, l'amour et l'empathie que l'on a pour nos enfants nous empêchent d'être un bon négociateur. Son secret : fixez quelques règles auxquelles vous ne dérogerez jamais. Des règles de politesse, d'hygiène, de respect des aînés (ce que vous voulez). Pour aucune raison vous ne tolérerez le fait qu'il aille au lit sans se brosser les dents, par exemple. Ce cadre rassurera votre enfant, et fixera aussi votre autorité.

En revanche, pour les questions du quotidien, où vous n'avez pas forcément de religion, acceptez de – PARFOIS – lâcher du lest. Et gardez en tête ce conseil : « Le meilleur négociateur est celui qui sait avant tout écouter. »

Définissez les règles sur lesquelles vous ne transigerez jamais :

Puis-je voyager avec un bébé ?

C'est vrai, ça peut stresser, de prendre le train ou l'avion, avec un tout-petit. C'est vrai aussi que ça peut stresser d'aller dans un autre pays avec son bébé, où (suppose-t-on) les hôpitaux sont moins bons (en cas de problème) et la nourriture moins saine. Un pédiatre m'a un jour dit : « Si ses parents sont des voyageurs, le bébé le deviendra. » Oui, il va s'adapter.

Il n'y a aucune contre-indication à voyager avec un petit. Évidemment, on évite le trek dans le Sahara sous 60 degrés, ou la semaine en Groenland en plein hiver. Le bon sens n'est pas interdit. Mais voyager, c'est lui faire découvrir d'autres cultures, d'autres lumières, d'autres bruits, une autre nourriture. Bref, c'est l'éveiller aux différences du monde, et c'est forcément une bonne chose pour lui.

N'oubliez pas également une chose, avant 2 ans, l'avion, c'est gratos. Profitez-en.

Conseil Les trajets avec bébé

En voiture, ce qui est valable pour le conducteur l'est tout autant pour le bébé : toutes les deux heures, la pause s'impose. Votre bébé a besoin de s'étirer... et de s'extirper régulièrement de son siège auto.

Pour l'ambiance musicale, n'hésitez pas à investir dans un livre audio ou quelques CD de chansons, cela devrait plaire à votre enfant, et de votre côté vous les connaîtrez rapidement par cœur !

En voiture, la plupart des bébés vont dormir, mais c'est beaucoup moins le cas en train ou en avion. Dans ces cas, n'oubliez donc pas de prévoir, pour le trajet, un sac rempli d'activités diverses pour occuper votre enfant, et préserver le calme de vos voisins, d'expérience pas toujours très patients avec les enfants. Dans ce sac, glissez des livres, des gommettes, du coloriage, une petite bouteille d'eau, des gâteaux, des petites voitures, des poupées... sans oublier le doudou bien sûr !

Le pays rêvé avec des enfants : les Etats-Unis.

Tout, ou presque, dans le pays, est adapté aux familles avec jeunes enfants. La plupart des restaurants sont équipes de table à langer, voire de chauffe-biberon. Chaque petite ville (même très petite ville) comprend un Kids Museum, un endroit ludique (qui n'a rien d'un musée, d'ailleurs) où les petits peuvent jouer, apprendre, créer, courir, lire, sauter, danser, pour tous les âges. L'occasion de rencontrer d'autres parents. Parfait pour les jours de pluie.

Apprenez à trouver une réponse à toutes les questions

Ne l'oubliez pas, pour votre enfant, vous savez tout.
Vous êtes un être exceptionnel.
Votre culture générale est totale.
Votre QI est proche de 240.
À ses yeux, vous êtes un mix entre Gandhi (pour la sagesse), Thomas Pesquet (pour les questions physiques), Teddy Riner (pour latter les méchants) et Andy Warhol (pour la créativité).
Pauvre enfant, s'il savait…

S'il savait que vous n'avez jamais eu la moyenne en physique chimie. Que la dernière fois où vous vous êtes battu, vous aviez 14 ans et vous vous êtes retrouvé avec un nez cassé. Que vous dessinez comme un gosse de 4 ans (il va vite vous rattraper, votre enfant) et niveau sagesse, vos réactions quand un ~~connard~~ automobiliste vous grille la priorité montrent bien qu'entre Gandhi et vous, il y a un monde. Mais, bonne nouvelle, votre bébé ne sait rien de tout ça. Il devrait le réaliser à l'adolescence, vous avez donc le temps. Profitez-en.

Se sentir le plus beau et le plus fort n'est pas désagréable. Mais il va falloir assumer. Quand votre enfant va, aux alentours de 3 ans (peut-être même avant), commencer à vous poser tout un tas de questions sur le sens de la vie, vous devrez assurer, et lui répondre, sans cligner des yeux.

Voici quelques-unes de ces questions qui pourraient bien vous tomber dessus un beau matin, au petit-déj. Préparez déjà vos réponses.

- Papa, c'est qui Dieu ?
- Papa, pourquoi il y a des gens qui dorment dans la rue ?
- Papa, c'est quoi une étoile ?
- Papa, pourquoi tonton il a une nouvelle amoureuse que tata ?
- Papa, comment ça marche l'électricité ?
- Papa, pourquoi les filles n'ont pas de zizi ?
- Papa, comment l'eau elle va dans le robinet du bain ?
- Papa, comment on fait pour devenir président de la République ?
- Papa, pourquoi t'as un gros ventre ?
- Papa, pourquoi les cigarettes ça existe alors que ça tue ?

- Papa, comment ça se fait qu'on peut parler à quelqu'un dans un téléphone ?
- Papa, comment on fait les bébés ? (Même si, là, les Inconnus nous ont donné la bonne manière de leur expliquer.)
- Papa, comment ça marche une voiture ?

Pour toutes ces questions, si vous séchez pour livrer la bonne réponse claire, concise et pas flippante, il y a une technique. Retournez la question en une autre question : « Et toi, t'en penses quoi ? » En fonction de la réponse de votre enfant, vous pourrez alors adapter la vôtre. Technique miracle.

Liste non exhaustive que vous pourrez compléter à votre guise, au fur et à mesure :

-
-
-
-
-
-
-
-
-
-
-

Témoignages de papas

Qu'est ce qui a le plus changé chez vous, en devenant père ?

Remy, 37 ans, papa de Charles, 15 mois.

Pour moi, ce qui a le plus changé, c'est que désormais, TOUT ce que je fais, je le fais pour mon petit, en pensant à lui. Tout ce que j'aurais aimé avoir ou faire avec mon père, je vais essayer de rendre cela possible pour Charles. Je ne pense plus à 2, mais à 3, pour tout.

Raphaël, 31 ans, papa d'Arsène, 5 ans.

J'ai souvent en tête des souvenirs de mes parents quand j'avais 5, 6 ou 7 ans... soit l'âge d'Arsène. Je les ai vus vieillir, et partir depuis, et aujourd'hui, je me retrouve à leur place. J'ai surtout pris conscience que le temps passe vite, qu'on n'est pas éternel et que, moi, je dois vraiment tout faire pour lui assurer tout ce dont il aura besoin dans sa vie d'adulte. Bref, j'ai de lourdes responsabilités.

Jean, papa de trois filles.

Je me suis senti plus responsable et tout à coup, j'ai pris la place de mon père. J'ai ressenti un sentiment d'inquiétude, de vouloir bien faire, mais j'ai aussi été admiratif. Admiratif de ce miracle de la vie. Admiratif, un nouveau sentiment pour moi. Un mélange d'inquiétude et de joie, mais le bonheur l'emporte toujours sur les petits soucis. On ne retient que les bons souvenirs et les moments de bonheur.

Romain, 32 ans, papa d'Evy, 6 mois.

En devenant papa, tu arrêtes de te regarder le nombril. Du jour au lendemain, tu ne penses plus qu'à une personne, ton petit bout. Je suis aussi devenu plus attentif à mon environnement car il ne faut pas que mes choix l'impactent négativement. Mon ventre a aussi pas mal changé... puisque j'ai quand même beaucoup moins le temps de faire du sport...

Jérôme, 32 ans, papa d'Emile, 2 mois.

Depuis son arrivée, j'ai redécouvert le sens du mot « famille ». Il prend maintenant tout son sens. Il provoque chez moi beaucoup d'émotion, et induit une responsabilité permanente. J'ai aussi l'impression d'être enfin devenu adulte, en opposition à l'enfant qui se trouve face à moi. Et puis, depuis que je suis père, j'ai cette envie constante de rentrer vite à la maison et d'être auprès de lui, plutôt que de traîner ici ou là. Être avec lui éclipse vraiment tout le reste.

Voici quelques conseils à la con que vous pourriez entendre. N'hésitez pas à compléter cette liste !

- S'il ne dort pas la nuit, c'est parce que vous, ou votre femme, avez envie de vous sentir utile, à ses côtés, même la nuit.
- Quoi ? Tu lui mets des dessins animés, mais tu veux le rendre débile ou quoi ?
- Moi, je ne lui fais que des soupes bios, avec des légumes qui viennent de mon jardin. Dès qu'il mange des petits pots préparés, je le sens, il n'est pas bien. Tu devrais faire pareil, sa santé en dépend.
- Cette histoire de 11 vaccins obligatoires, c'est le poids des labos. Et la faute à Macron. Je n'ai pas vacciné mes gosses et ils sont en pleine forme.
- Surtout, ne le garde pas trop dans les bras, il va s'habituer. (Si votre enfant a 6 ans, OK, ça s'entend. S'il n'a qu'un petit mois, considérez que plus vous prenez votre enfant dans les bras, meilleur c'est pour lui.)
-
-
-
-
-
-
-
-
-
-
-

On joue à quoi ?

Les spécialistes sont unanimes, le meilleur des conseils que l'on peut donner aux jeunes parents, c'est de jouer. Jouer, interagir, stimuler, chanter, rigoler avec votre bébé. Ce sera bon pour vos liens, pour son développement, pour sa curiosité, etc.
Alors OK, on joue. Mais on joue à quoi ?

Avant de penser jeux d'éveil, marionnettes et course de voitures, pensez surtout « complicité ». Durant ses premiers mois, jouer avec votre enfant consiste surtout à échanger avec lui, le faire marrer en vous cachant derrière vos mains, en faisant des grimaces ou en éternuant bruyamment. C'est bizarre, mais c'est ce qu'il va préférer (au début seulement).

N'hésitez également pas à parler à votre bébé. Ce qui reste le meilleur moyen d'établir le fameux lien papa/bébé. Mais alors pour lui dire quoi ? Peu importe, parlez-lui de la météo, dites-lui qu'il est le plus beau, comment vous avez rencontré sa maman ou pourquoi vous n'aimez pas votre patron (mouais). Ce qui compte surtout, c'est que vous lui parliez normalement. Il est désormais convenu qu'il ne sert à rien de parler à son bébé comme on parlerait à un petit chaton.

Voici quelques idées pour jouer avec votre enfant au fil des mois.

Avant 3 mois, il s'agit surtout d'échanger avec votre bébé et de le câliner.

À partir de 3 mois, votre bébé commence à attraper les objets. Il est donc possible de le stimuler tout en jouant avec lui. En lui proposant des doudous aux matières, textures et couleurs différentes.

Appelez-le aussi par son prénom, et quand il vous sourit, dites-lui bravo. Encouragez-le ! Vous pouvez aussi apprendre à votre bébé à taper dans ses mains. Il prend ainsi de plus en plus conscience de son corps. Et puis, ça va le faire rire.

Le bain peut aussi devenir un terrain de jeu… Il existe toute sorte de jeux de bain amusants. Pensez à bien les laver quand le bain est terminé. Le tapis d'éveil, avec un arc et des jouets suspendus, est évidemment un bon moyen d'éveiller votre bébé au monde, et d'éveiller sa curiosité. Un jeu gratuit ET qui marche à tous les coups : les mains. Amusez-vous à bouger vos doigts ET chanter des comptines (voir p. 33)… les bébés adorent !

À 4 mois, évidemment, continuez de lui raconter des histoires… vos doigts sont les meilleures marionnettes qui existent !

Quand votre bébé tient bien son cou, vous pouvez faire l'ascenseur : couché sur le dos, portez votre bébé les mains sur son torse, et c'est parti ! Montez votre enfant au-dessus de votre tête ET redescendez-le pour faire un bisou-nez. Le plus, c'est que vous vous musclez tout en jouant. Évidemment, faites-le tout doucement, sans geste brusque.

À 5 mois, vive le miroir ! Votre bébé peut passer des heures à s›observer et se parler à lui-même. C'est très amusant pour lui et pour vous !

Les livres, encore et toujours, à découvrir seul ou accompagné. Dans le commerce, vous trouverez aussi toute sorte de babioles en plastique avec des boutons, des couleurs et des sons. Votre bébé aimera être stimulé ainsi, mais tant qu'il ne tient pas assis, ce n'est pas forcément conseillé, sauf si vous êtes acteur à ses côtés.

À 6 mois, votre bébé se sert de mieux en mieux de ses mains, et avec lui, vous pouvez vous amuser avec des boîtes par exemple. Des grosses ou des petites, à empiler et à faire tomber.

À 7 mois, votre bébé va adorer vous imiter ! Applaudissez, envoyez-lui des bisous, jouez avec les syllabes. Vous pouvez vous amuser aussi à mettre son prénom dans des petites comptines… S'il appelle Nathan, vous pouvez chanter « Nathan tu dors, ton moulin, ton moulin, va trop vite ». Il se sentira encore plus impliqué.

Vous trouverez également dans le commerce les fameux bâtons de pluie, des peluches d'activités, avec des balles ou autres hochets cachés à l'intérieur. Vous pourrez aussi acheter une toupie mécanique, passionnante à observer pour bébé, un peu moins pour vous !

À 8 mois, votre bébé apprend et comprend la différence entre dedans et dehors. Alors je vous laisse imaginer tout ce que vous pouvez faire avec des boîtes, des balles !

Entre 10 et 12 mois, il commence à se dandiner en écoutant de la musique. Alors, profitez-en : un bon tube de Michael Jackson sera parfait pour commencer. Montrez-lui que vous êtes son premier spectateur quand il commence à danser. Et surtout : dansez avec lui.

Les marionnettes pour les nuls

Vous pensez ne pas être fort en marionnettes ? Vous vous trompez. Pas besoin d'investir beaucoup. Prenez 2 ou 3 peluches de votre enfant. L'histoire doit être simple, il y a deux gentils et un méchant. Les gentils auront envie de faire des choses gentilles, comme pique-niquer dans la forêt. Et le méchant voudra les embêter. Heureusement, ce méchant est très maladroit. Il passera son temps à trébucher, en poussant des petits cris ridicules. Et cela aura le mérite de bien faire rire votre bébé.

Les jouets

Le piège, en devenant parent, est assez simple : se ruiner. On a toujours envie d'offrir un petit pull, la couverture qui va bien, le canard qui ressemble à Elvis Priesley pour le bain.
Et bien sûr les jeux.

Quiconque est déjà entré dans un magasin de jouets sait qu'il est très difficile, voire impossible, d'en ressortir les mains vides. Et surtout, ne croyez pas qu'il jouera avec tous ces jeux. Un bébé, il aime avoir son doudou, son livre préféré, son petit bonhomme trop moche et son camion qui fait plein de musique. C'est tout. Vous lui avez offert l'équivalent de deux *Jouet club*, mais lui, il ne jouera qu'avec ces mêmes jeux.

Cependant, il est vrai que votre bébé va adorer découvrir des nouveautés. Mais, d'expérience, je dirais qu'il préférera jouer avec des jeux qui n'en sont pas (télécommande, téléphone portable, bouchon de bouteille d'eau, etc.) qu'avec un ours connecté ou un train magique qui chante en 14 langues (l'enfer).

DIY Un terrain de jeu *home made*

Mon conseil, donc : construisez-lui vous-même son terrain de jeu. Je ne suis pas du tout bricoleur et pourtant, même moi, j'y suis arrivé. C'est dire. Il vous suffit de prendre une planche en bois, sur laquelle vous allez fixer :

- un interrupteur
- un verrou de porte (avec lequel, évidemment, il n'y a aucun risque que votre bébé se coince les doigts)
- un robinet
- un trousseau de clé
- un vieux téléphone (à l'ancienne, avec un fil)
- un cadenas, etc.

Les joies du parc

Adoré par les enfants, le parc deviendra rapidement votre meilleur ami. Le toboggan, le petit mur d'escalade, la balançoire peuvent devenir des moments de grande complicité. Si vous jouez le jeu en accompagnant VRAIMENT votre enfant et en délaissant votre portable par exemple, vous devriez vite retrouver votre âme d'enfant.

Vous êtes tranquille, cette planche en bois *home made* sera le meilleur jeu que vous pourrez offrir à votre bébé. Et puis, si ça peut lui couper l'envie d'aller sans cesse mettre ses doigts dans les interrupteurs, les vrais, c'est pas plus mal.

Autre possibilité de jeux qui plairont à tous les coups à votre bébé : une petite bouteille d'eau (en plastique) que vous remplissez à moitié de sable. Pensez à bien scotcher le bouchon, pour éviter que votre salon se transforme en dune du Pilat. J'ai appris que les adeptes de la méthode Montessori appelaient cela : une bouteille sensorielle. Ce petit jeu va stimuler les sens de votre bébé. Moi, j'appelle ça la bouteille-avec-du-sable-dedans, mais libre à vous de choisir le nom que vous donnerez à votre grande création.

Les sorties avec un bébé

Tant que votre enfant ne marche pas, j'ai un très bon conseil à vous apporter : profitez-en. Dès qu'il marchera, c'en sera fini des restos pénards, du trajet en train (on y reviendra) assis, d'une visite intéressante au musée, d'après-midi shopping, etc.

En revanche, tant que votre bébé est un bébé, bonne nouvelle, il s'adapte plus à vous que l'inverse. Les poussettes d'aujourd'hui ne pèsent plus rien, sans parler des porte-bébés. N'hésitez donc pas à explorer le monde avec votre enfant, dès ses premiers mois. Je suis persuadé, par ailleurs, qu'un bébé qui sera allé tôt au musée grandira avec cette fibre de la découverte et de la curiosité. Si vous n'êtes pas trop musée, mais plutôt ambiance de stade, aucun problème, la logique est la même. Après... il faut savoir choisir son sport. Se rendre au stade Vélodrome pour un OM-PSG avec son bébé de 3 mois, bof. Mais bonne nouvelle, il n'y a pas que le foot dans la vie.

Poussette ou porte-bébé ?

Tout dépend pour faire quoi ! La poussette sera votre meilleure amie si vous partez pour une balade longue, en ville dans les bois, faire les soldes. Vous garderez votre liberté de mouvement (bon, sans jamais lâcher la poussette, hein !) avec la possibilité de le sortir facilement pour un câlin (ou lui changer la couche) et puis, si vous faites une pause pour un petit café, vous serez bien content de laisser votre enfant dormir tranquillement dans la poussette.

En revanche, si vous sortez une petite heure, histoire d'acheter le pain et de faire le marché, alors là, n'hésitez pas, investissez dans un bon porte-bébé. Vous vous sentirez léger, pourrez-vous faufiler entre les stands et surtout, instant fleur bleue, vous allez avoir une heure de câlin avec votre bébé. Ne faites pas votre macho, vous allez les sur-kiffer, ces moments.

Témoignage Paul, 32 ans, papa de 2 enfants

Quand mon fils était âgé de 6 mois, je l'ai emmené à Bercy, à Paris, voir un match de l'équipe de France de handball. Bon, il a surtout dormi, et c'est surtout moi qui ai profité du match. Mais j'étais, d'une certaine manière, assez soulagé de voir que je pouvais encore faire ce genre de sortie. Il a eu le bon goût de faire caca à la mi-temps du match, ce qui m'a permis de ne rien rater de la partie. Sur le chemin du retour, je me suis dit que les témoignages du genre : « Avec un enfant, votre vie est foutue, vos passions avec », viennent de rabat-joie.

Aujourd'hui, mon fils à 4 ans. Et, évidemment, ma vie n'est pas foutue, et mes passions non plus. En revanche, aller voir un match en entier, avec lui, c'est impensable. Au mieux, il tient 3 minutes assis. Mais la bonne nouvelle, c'est que les matchs de handball sont désormais diffusés sur la TNT.

Paroles d'enfants

J'ai posé cette question simple à quelques enfants : « C'est quoi, pour toi, un papa ? »

Roméo, 3 ans et demi

Un papa, c'est un trésor. Le papa, il doit surveiller ses enfants, il doit les protéger. J'aime bien quand je suis seul avec papa, on est entre garçons. Les mamans, elles ont les cheveux longs, mais jamais les papas.

Lola, 6 ans et demi

Un papa, c'est le monsieur qui nous protège, qui nous aide à être intelligent, qui nous aime. J'aime bien quand on va à Eurodisney avec Papa. Et aussi que papa, il invite des copains à la maison et on fait la fête. Papa, il aime bien regarder *Indiana Jones* et *Star Wars*, et, moi, j'adore. Il n'y a pas de différence entre le papa et la maman, sauf que la maman, elle fait le bébé, et le papa ne fait rien.

Lilian, 7 ans, déjà les pieds sur terre

Un papa, ça sert à travailler pour gagner de l'argent et à payer des trucs machins.

Eline, 5 ans

Ça sert à surveiller les enfants, à aider à habiller les enfants, à faire à manger, à dire bonne nuit, à mettre la table et à lire une histoire.

Maya, 3 ans et demi

Un papa c'est celui qui nous aide. Il travaille en mettant des câbles et il change la couche du bébé. Et il adore le foot. La différence avec la maman, c'est qu'il n'a pas le lait pour le bébé.

Et votre enfant, il dit quoi ?

Oui, un jour, lui aussi vous donnera sa définition du mot « Papa ». Vous avez la pression, non ? N'hésitez pas à noter cette définition ici :

Le grand quiz de la parentalité

Alors, ça y est, vous êtes un pro, un boss, vous savez tout de la paternité, de la maternité, de l'éducation et de la puériculture ? OK, faisons le test…

1. La pédagogie Montessori, du nom de sa créatrice, Maria Montessori, a été inventée en…

- ☐ 1907
- ☐ 1927
- ☐ 1967

2. En moyenne en France (chiffre année 2012) au bout de combien d'année après son premier accouchement, une femme fait-elle un deuxième enfant ?

- ☐ 2 ans
- ☐ 4 ans
- ☐ 8 ans

3. Quel est le record de nombre d'enfants pour un père ?

- ☐ 18 enfants
- ☐ 38 enfants
- ☐ 888 enfants

4. Quelle est la proportion de pères qui prend, en 2017, leur congé paternité ?

- ☐ 7 sur 10
- ☐ 9 sur 10
- ☐ 10 sur 10

5. Quelle est la limite d'âge pour la paternité fixée par la justice française, pour permettre un recours à une PMA ?

- ☐ 49 ans
- ☐ 59 ans
- ☐ 69 ans

6. Le plus jeune père du monde au son premier enfant à..

- ☐ 12 ans
- ☐ 14 ans
- ☐ 15 ans

7. Selon vous, vous pensez pouvoir refaire des nuits normales dans...

- ☐ 1 mois
- ☐ 1 an
- ☐ Jamais

Réponses : 1. 1907 ; 2. 4 ans ; 3. 888 enfants. Info : cet heureux papa était le sultan du Maroc, Moulay Ismail, décédé en 1727. Il avait 4 femmes officielles... et un harem d'environ 500 femmes. 4. 7 sur 10 ; 5. 59 ans ; 6. 12 ans ; 7. À vous de voir !

L'arbre généalogique de bébé

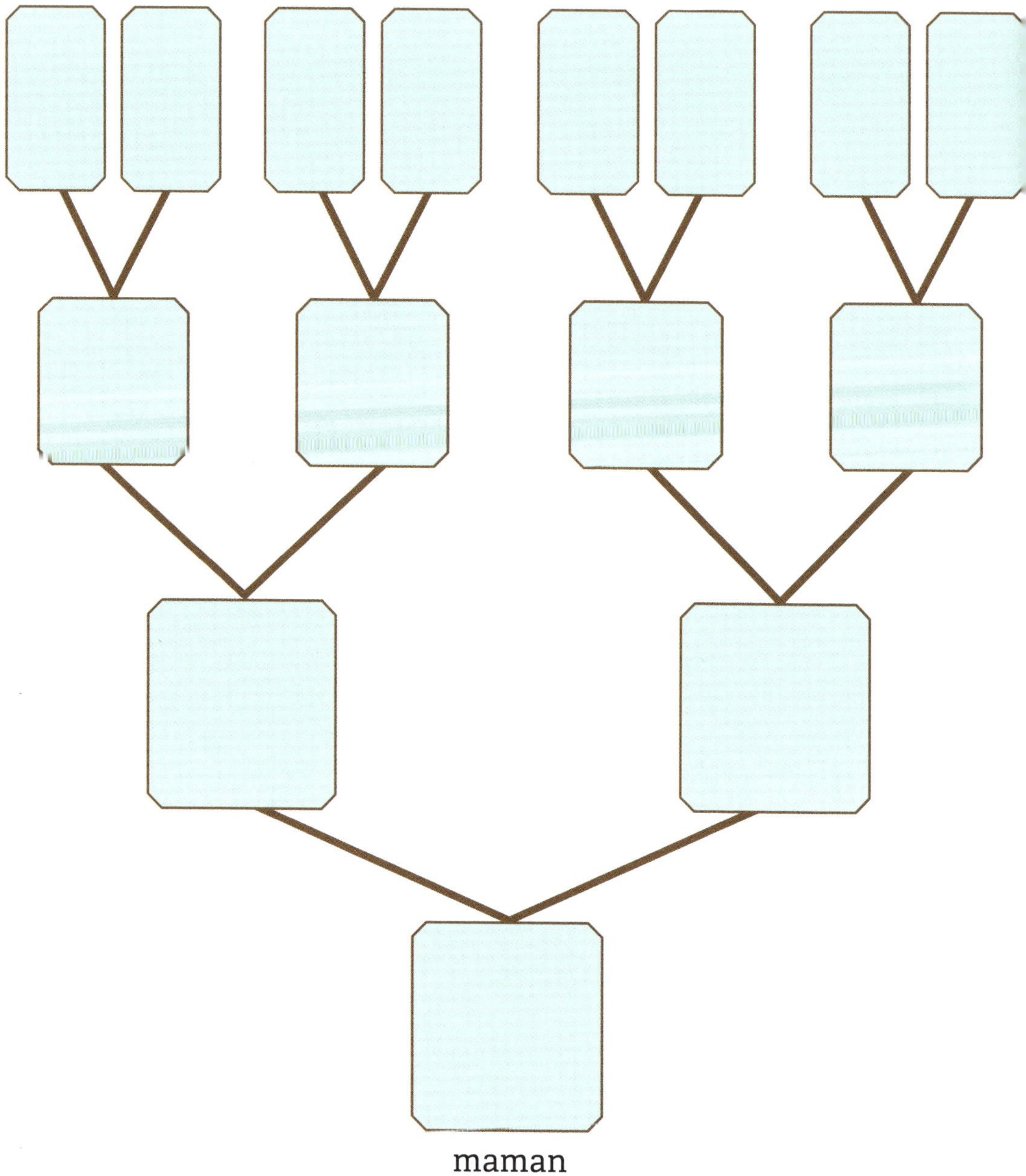

L'arbre généalogique de bébé (suite)

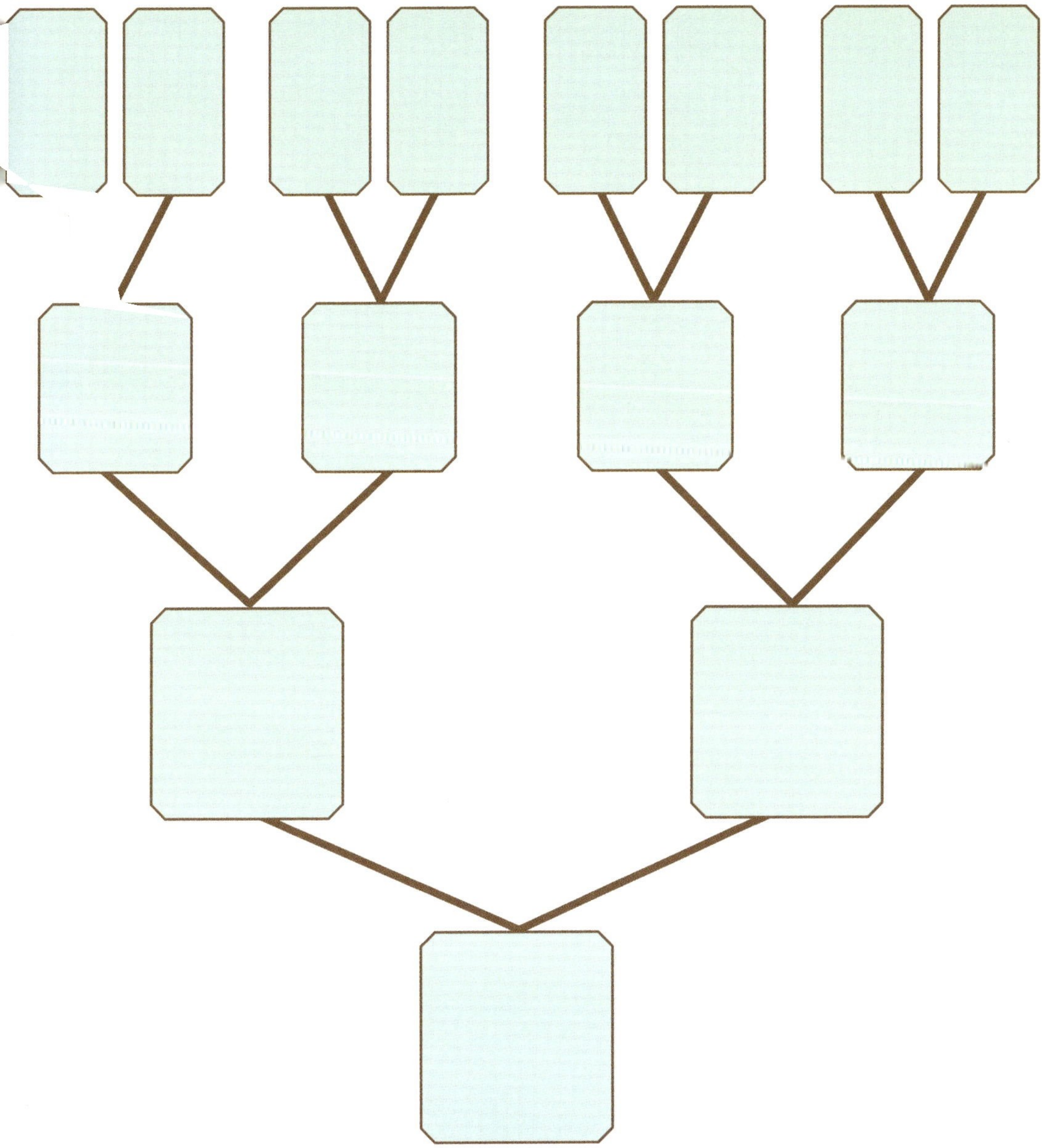

papa

Conclusion

Ça y est, vous êtes papa. Peut-être êtes-vous un papa cool, un papa angoissé, un papa poule ou un papa fun. Ce qui est sûr, c'est que vous allez faire du mieux que vous pouvez.

Le fameux conseil : « Faites-vous confiance ! » est sans aucun doute l'un des plus importants. Pour la plupart de questions soulevées dans ce livre, vous avez certainement remarqué qu'il n'y a pas de réponse miracle. Que ce soit pour éveiller son bébé, pour le faire dormir tout de suite ou le rendre zen, vous allez apprendre chaque jour, vous allez vous adapter à votre bébé, et sans doute va-t-il faire de même.

S'il faut garder une chose en tête, c'est la nécessité de transmettre. Vous allez être un modèle pour votre enfant. Alors n'hésitez pas. N'hésitez pas à lui faire découvrir le monde, que ce soit par la musique, par les histoires, par des rencontres, par des balades ou par des voyages. Les bébés sont des éponges. Plus vous allez vouloir nourrir sa curiosité, plus il le deviendra, curieux. Si votre passion est la couture, la flûte de pan ou l'opéra, n'hésitez pas à lui faire partager cette passion.

Roméo qui a 3 ans, ne dit-il pas qu'un papa, « c'est un trésor » ? Vous êtes, pour votre enfant, un trésor. Un trésor qui doute, sûrement, mais un trésor quand même.

Au fur et à mesure du temps, vous allez oublier les « petites galères ». Le manque de sommeil, les débordantes nocturnes ou les pleurs angoissants. Vous allez les oublier pour ne garder que le meilleur, le grand bonheur d'être devenu père. Ce bonheur, tellement grand, tellement intense, qu'un beau jour, vous allez – peut-être – regarder la maman, les yeux dans les yeux, et lui faire cette proposition folle : « Et si on faisait un deuxième ? » Et oui, tiens, vous en pensez quoi, aujourd'hui, de l'idée d'en faire un deuxième ?

Le deuxième multiplie le bonheur par deux, mais pas les galères. C'est ça, la bonne nouvelle. Alors, vous vous y mettez bientôt ?